Psicopatia

Psicopatia

Sidney
Kiyoshi
Shine

c coleção
c clínica
p psicanalítica

Artesã

Psicopatia

COORDENAÇÃO EDITORIAL
Karol Oliveira

DIREÇÃO DE ARTE
Tiago Rabello

REVISÃO
Juliana de Villemor A. Güntert

CAPA
Bloco Gráfico

DIAGRAMAÇÃO
Bloco Gráfico

Dados Internacionais de Catalogação na Publicação (CIP)
(Câmara Brasileira do Livro, SP, Brasil)

Shine, Sidney Kiyoshi
Psicopatia / Sidney Kiyoshi Shine.
Belo Horizonte: Artesã, 2019
(Coleção clínica psicanalítica)

Bibliografia.
ISBN 978-85-7074-032-8

1. Psicanálise 2. Psicologia patológica 3. Psicopatas 4. Psicopatias I. Título. II. Série.

CDD-616.8582 10-05929 NLM-WM 210

Índices para catálogo sistemático:
1. Psicopatia: Medicina 616.8582

IMPRESSO NO BRASIL
Printed in Brazil

(31)2511-2040 (31)99403-2227
www.artesaeditora.com.br
Rua Rio Pomba 455, Carlos Prates - Cep: 30720-290 | Belo Horizonte - MG
/artesaeditora

Aos meus pais,
Yooko e Kitao

Introdução

A psicopatia é uma condição difícil de apreender. A psiquiatria desde sempre procurou categorizar e organizar um quadro nosológico compreensivo das afecções mentais e, nele, o psicopata figura de modo sempre fugidio.

O psicopata sempre esteve associado a crimes e contravenções. Portanto, a sua marginalidade também já faz parte de sua posição social e confunde-se com sua condição clínica. Ele foi e continua sendo um problema para a criminologia muito antes de ser uma questão clínica para a psicanálise.

Veremos que muitas das contribuições da Psicanálise estão ligadas a demandas jurídicas (trabalho para tribunais, instituições militares, instituições de confinamento de jovens com problemas com a lei).

Há poucos estudos de caso de psicopatia na literatura*. No momento, basta dizer que o psicopata não se pensa como um "doente". Não é ele quem procura uma ajuda, mas sim aqueles que sofrem com as consequências de sua ação.

Apesar de não ser um tipo de paciente comum em consultório ("Graças a Deus!", diriam alguns), é importante saber reconhecer a dinâmica e as características de personalidade do psicopata. Principalmente por ser ele um grande dissimulador. O diagnóstico de *psicopatia* deve ser preciso, pois pode se tornar um rótulo pelo qual o indivíduo sofrerá consequências jurídicas sérias. Também o fará ser visto como praticamente inelegível para qualquer tipo de intervenção clínica.

Iniciarei este trabalho com um histórico do termo *psicopatia*. Abordarei suas definições e outros termos associados. Apontarei os limites deste quadro clínico, que alguns pensam nem ser uma condição patológica. Levantarei as problematizações.

A partir da sistematização do DSM-IV, introduzirei as explicações dinâmicas e estruturais da psicopatia para a psicanálise, abordando o diagnóstico e as questões clínicas pertinentes. Ilustrarei, por meio de vinhetas clínicas e exemplos de estudos de caso, os diversos mecanismos presentes no psicopata em sua relação com o psicanalista. Quando necessário farei a atualização dos dados segundo o DSM-V, indicando-o no texto. Utilizarei também algum material disponível de maior familiaridade para psicólogos e, em alguns casos, de sua exclusividade: os testes psicológicos.

Encerro este livro com as perspectivas de trabalho com esta condição e as questões éticas que se levantam a partir deste trabalho para se pensar a conduta humana.

1 O conceito de psicopatia

Definições

Precisamos esclarecer o uso que fazemos do termo *psicopatia*. Recorrendo ao Dicionário Aurélio, o leitor leigo que quer se familiarizar com este conceito depara-se com três acepções possíveis:

1. designação comum às doenças mentais;
2. estado mental patológico caracterizado por desvios, sobretudo caracterológicos, que acarretam comportamentos antissociais;
3. psicose.

Já de início coloco que o que nos interessa é a psicopatia em seu sentido específico, ou seja, a segunda acepção acima. A generalização para as doenças mentais se justifica etimologicamente (psico + pat + ia). É nesta acepção, por exemplo, que um grupo de psiquiatras lança a obra "Arquivos da Assistência Geral a Psicopatas do Estado de São Paulo" em

1936, seguindo os passos do Dr. Franco da Rocha no estudo das afecções mentais. Esta é uma coletânea de artigos que abordam várias afecções mentais por meio de contribuições vindas dos membros deste grupo paulista. Os quadros clínicos abordados vão de esquizofrenia a paralisia cerebral.

Na própria obra freudiana encontramos o termo *psicopatia* usado nesta acepção em *Tipos psicopáticos no palco* (1905 ou 1906)[1]. Neste artigo, Freud está interessado em demonstrar os mecanismos psicológicos implícitos na apreciação de uma obra de arte, especificamente de uma peça teatral. O espectador obtém prazer por meio da *identificação* com o(s) personagem(ns). Freud nos chama a atenção para o fato de que o teatro se originou nos ritos sacrificiais (cf. O bode expiatório) no culto dos deuses, portanto tendo uma função catártica à medida que o personagem que sofre no palco libera parte do sofrimento comum a todos. É neste contexto que Freud analisa a peça *Hamlet* de Shakespeare, dizendo que "O Herói não é *psicopata*, mas somente se torna *psicopata* no decorrer da ação da peça" (grifos meus, p. 325), justificando, por este motivo, o fato de que, ao participarmos do processo que leva Hamlet à sua "loucura", nos identificamos com ele e baixamos nossa própria resistência em reconhecer o conflito inconsciente em jogo[2].

1 É de se estranhar a colocação de duas datas para esta obra. O editor inglês James Strachey explica que a obra foi apresentada pelo Dr. Max Graf num artigo no *Psychoanalytic Quarterly*, v. 11, 1942, informando que Freud o escrevera em 1904. No entanto, devido a uma referência a uma peça teatral que fora encenada pela primeira vez em 1905, Strachey supõe que a data correta do trabalho seja final de 1905 ou início de 1906.

2 Recordemos que Hamlet recebe uma ordem de seu pai, que lhe aparece na forma de fantasma, para que vingue a sua morte. Seu tio o havia assassinado e usurpado seu trono, casando-se com a rainha (sua mãe). Para Freud, este drama ilustra o desejo de incesto presente no Complexo de Édipo, pelo qual Hamlet se identifica com o tio e revive seu conflito.

E quanto à terceira acepção? *Psicopatia* seria uma forma de psicose? A confusão procede porque, em psiquiatria, o termo *psicose* já foi usado para abranger toda uma gama de doenças mentais, igualando-se ao termo *psicopatia* enquanto categoria genérica.

Em psicanálise, o interesse no estudo das afecções mentais incidiu primeiramente naquelas diretamente acessíveis à investigação analítica, e, dentro deste campo mais restrito que o da Psiquiatria, as principais distinções são as que se estabelecem entre as perversões, as neuroses e as psicoses. Para a Psicanálise, portanto, a psicopatia não entra na categoria das psicoses.

Histórico

É interessante observar que Phillipe Pinel (1745-1826), em 1809, descreveu, sob a denominação de "mania sem delírio", a história de um filho único mimado por sua mãe, que era extremamente tolerante, e que se tornava impulsivo, adotando condutas desordenadas, instintivas (*apud* Bittencourt, 1956).

Jean Étienne Dominique Esquirol (1722-1840), o mais famoso discípulo de Pinel, dando continuidade ao trabalho do mestre, cunhou o termo *monomania*, enfocando um determinado aspecto do comportamento (monomania homicida, monomania incendiária, etc.). Esquirol já defendia a ideia de que a monomania poderia resultar em atos criminosos, portanto passíveis de tratamento, e não de punição.

Benedict Augustin Morel (1809-1873) chamou a atenção para o fator etiológico. Influenciado pelos trabalhos de

Darwin, introduziu a ideia de *herança degenerativa*[3]. Em 1857, Morel cria a categoria de "loucura dos degenerados". Ele acreditava que agentes externos, como álcool e tóxicos, podiam predispor um indivíduo para degeneração e que o mesmo se podia dizer de um "mau temperamento".

Valentim Magnan (1835-1916) ampliou o conceito de degeneração, introduzindo a ideia de *desequilíbrio mental*. Sua conceituação estava baseada numa concepção neurológica: haveria uma falta de coordenação harmoniosa entre diferentes centros nervosos. Tratar-se-ia de um estado que poderia estar próximo do normal (desequilíbrio simples), mas que era susceptível de degenerar-se em direção a estados mais graves (desequilíbrio com degenerescência). Certos aspectos do desequilíbrio mental, como desequilíbrio da *sensibilidade*, desequilíbrio da *vontade*, são associados, ainda hoje, aos sintomas do *psicopata*.

Fechando a contribuição da *escola de psiquiatria francesa* podemos dizer ainda que a ideia de desequilíbrio foi ligada à ideia de algo *constitucional*, no qual encontramos um "desequilíbrio constitucional dos apetites" e um "desequilíbrio constitucional dos instintos". Descreveram-se em seguida diversas constituições que estariam ligadas a este ou àquele distúrbio de origem afetiva, portanto "constituição perversa" (distúrbio da bondade) ou "constituição mitomaníaca" (distúrbio da sociabilidade). As concepções francesas giram em torno da ideia de um equilíbrio instável, passível de romper-se (Debray, 1982).

Talvez quem tenha ficado mais famoso com a ideia de uma constituição degenerada tenha sido Cesare Lombroso

3 "Degenerações são desvios do tipo humano normal, que são transmissíveis pela hereditariedade e se deterioram progressivamente no sentido da extinção" (Alexander & Selesnick, 1980).

(1836-1909), um antropologista italiano que defendeu a ideia do "homem criminoso" em 1876. A teoria de Lombroso, de que os tipos criminosos podem ser identificados com base na fisionomia e constituem uma forma de "homens inferiores", foi abandonada há muito. No entanto, a busca de uma explicação para um ato criminoso, por meio de um determinismo biológico é uma hipótese defendida ainda hoje por alguns em relação aos psicopatas[4].

Deve-se à *escola de psiquiatria alemã* a introdução do termo *psicopatia*, propriamente dita. I. L. Koch introduziu o termo *inferioridade psicopática* em 1888 (*apud* Gurvitz, 1951).

Um dos grandes expoentes da escola alemã de psiquiatria foi Emil Kraepelin (1856-1925), que empreendeu um trabalho de classificação e organização das muitas formas de descrever a doença mental. Sua abordagem se dava por meio do método orgânico com ênfase nas lesões e más-formações neurológicas. Foi Kraepelin quem cunhou o termo *personalidade psicopática* em 1904, incluindo nesta categoria os casos de inibição do desenvolvimento da personalidade, tanto na esfera afetiva como na volitiva, e, também, alguns casos iniciais, fronteiriços de psicose. A personalidade psicopática seria uma etapa pré-psicótica.

Kurt Schneider foi outro expoente da escola alemã que difundiu o termo *personalidade psicopática* entendendo-o como um distúrbio da personalidade que não afeta nem a inteligência e nem a estrutura orgânica do indivíduo. Schneider define as personalidades psicopáticas como "aquelas personalidades anormais que sofrem por sua anormalidade

4 L. A. Lurie defende tal posição em uma mesa-redonda sobre o comportamento psicopático em crianças (Karpman, 1951).

ou, por ela, fazem sofrer a sociedade", em 1923. Aqui já estamos distanciados da concepção francesa de degenerescência. *Psicopático* era usado por Schneider no lugar de *patológico*, mas no sentido de que esta seria uma variação funcional em relação à personalidade normal e nada revelaria em termos de algo orgânico patológico.

Neste mesmo sentido é que Eugen Kahn (1931) usa *personalidade psicopática* para agrupar vários problemas e desordens da personalidade não classificados como doenças mentais e que teriam como condição precípua comum o *desajustamento social*.

Outra grande tradição que influenciou o que hoje conhecemos por psicopatia é a *anglo-saxônica*. O psiquiatra inglês James Prichard (1786-1848) escreveu, em 1835, *A Treatise on Insanity and Other Disorders Affecting the Mind*, no qual introduz o termo *insanidade moral* (ou *loucura moral*) para a forma de alteração mental na qual o poder de autocontrole estava prejudicado[5]. Segundo Craft (*apud* Goodwin & Guze, 1981), Prichard usou *moral* de três maneiras: primeiro, referindo-se a tratamento moral, querendo dizer tratamento psicológico; segundo, dizendo respeito a respostas emocionais ou afetivas, em contraste com intelectuais, e, terceiro, num sentido ético de certo e errado.

5 "As faculdades intelectuais parecem ter sofrido pouco ou nenhum dano, enquanto o transtorno se manifesta principalmente ou apenas no estado dos sentimentos, temperamentos ou hábitos. Nos casos desta descrição, os princípios morais e ativos da mente estão fortemente pervertidos ou depravados, o poder de autodomínio está perdido ou prejudicado e o indivíduo é julgado como sendo incapaz de se conduzir com decência e propriedade, tendo 'passado por uma mudança mórbida'" (Goodwin & Guze, 1981, p. 154).

Terminologia e classificação

Uma vez que é a conduta antissocial o elemento crucial da descrição, fala-se em *sociopatia* e *personalidade antissocial* (Debray, 1982). O termo *sociopatia* é preferido pelos behavioristas, enfatizando o aspecto aprendido, através do meio, por reforçamento e punição (*apud* Turner & Hersen, 1984). A *psicopatia* é denominada oficialmente na classificação francesa de distúrbios mentais como *desequilíbrio mental.*

INSERM (Statistiques Médicales des Établissements Psychiatriques: Année 1976):

> 11.0. *Estados de desequilíbrio mental:* Classificar aqui os sujeitos que se caracterizam essencialmente por sua instabilidade, sua impulsividade, sua inadaptabilidade e, eventualmente, por condutas delinquentes. (Debray, 1982)

A classificação da Organização Mundial de Saúde (OMS) refere-se a *distúrbio da personalidade, com predominância de manifestações sociopáticas ou associais.*

> 301.1. Distúrbio da personalidade caracterizado pela inobservância das obrigações sociais, indiferença para com outrem, violência impulsiva ou fria insensibilidade. Há um grande desvio entre o comportamento e as normas sociais estabelecidas. O comportamento é pouco modificável pela experiência, inclusive as sanções. Os sujeitos desse tipo são frequentemente não afetivos e podem ser anormalmente agressivos ou irrefletidos. Toleram mal as frustrações, acusam os outros ou fornecem explicações enganosas para os atos que os colocam em conflito com a sociedade. (Debray, 1982)

Em 1952, o DSM-I[6] introduziu o termo *distúrbio sociopático de personalidade,* procurando diminuir a confusão terminológica e buscar uma uniformização. Não obstante, muitos continuaram a usar os termos *psicopatia* e *sociopatia* como sinônimos, enquanto outros persistiram em considerar a sociopatia como um subgrupo dentro de uma categoria mais ampla, que seria a psicopatia, especificamente aqueles que apresentam traços antissociais e agressivos (Goodwin & Guze, 1981).

A obra do americano Harvey M. Cleckley, *The Mask of Sanity* (1ª edição em 1941)[7], é citada por vários autores (Kernberg, 1995; Adrados, 1980; Butcher, 1975) como dando uma definição das mais completas.

1. O psicopata está livre de sinais ou sintomas geralmente associados a psicoses, neuroses ou deficiência mental. Ele conhece as consequências de seu comportamento antissocial, mas ele dá a impressão de que tem muito pouco reconhecimento real de sentimentos dos quais verbaliza tão racionalmente.
2. Ele é incapaz de se adaptar em suas relações sociais de forma satisfatória de uma maneira geral.
3. O psicopata não é detido em suas ações pela punição; aliás ele parece desejá-la.
4. Sua conduta carece normalmente de uma motivação, ou se uma motivação pode ser inferida, ela é inadequada enquanto explicação para tal comportamento.

6 O DSM (Diagnostic and Statistical Manual of Mental Desorders) foi elaborado por psiquiatras em grupo de trabalho estabelecido pela *American Psychiatric Association* com o objetivo de criar um sistema classificatório compreensivo que refletisse o estado atual de conhecimento sobre "doença mental".

7 O artigo de mesmo nome, publicado em 1951, traz apenas uma pequena parte relativa ao psicopata.

5. Ele sabe se expressar em termos de respostas afetivas esperadas mas demonstra uma total falta de consideração e uma indiferença em relação aos outros.
6. Ele demonstra uma pobre capacidade de julgamento e uma incapacidade de aprender com a experiência, que pode ser vista nas "mentiras patológicas", crime repetitivo, delinquências e outros atos antissociais. "Os pacientes repetem furtos aparentemente sem sentido, falsificações, bigamias, trapaças e atos indecentes e chocantes em público inúmeras vezes".

(Cleckley, 1949, p. 415, *apud* Rieber & Vetter, 1994)

O seu trabalho influenciou a modificação do diagnóstico de psicopatia no DSM-II. A fim de circunscrever o diagnóstico de *psicopatia*, propôs-se uma definição fechada: *personalidade antissocial.*

> Esse termo é restrito a indivíduos que são basicamente não socializados e cujos padrões de comportamento fazem com que repetidamente entrem em conflitos com a sociedade. Trata-se de indivíduos incapazes de fidelidade significativa com pessoas, grupos ou valores sociais. São excessivamente egoístas, insensíveis, irresponsáveis, impulsivos e incapazes de sentir culpa ou aprender com a experiência e com a punição. Sua tolerância à frustração é baixa. Tendem a queixar-se dos outros, ou verbalizar racionalizações plausíveis para seus comportamentos. Uma simples história de crimes ou transgressões de ordem social não é o suficiente para justificar este diagnóstico. (DSM-II *apud* Kernberg, 1995)

Verificamos que, pela definição acima, muitas características de personalidade se ressaltavam como importantes para a atribuição do diagnóstico, para o qual o histórico de crimes e transgressões era condição presente mas não suficiente.

Daí em 1980 o DSM-III manter o termo *personalidade antissocial*, acrescentando *transtorno* no início (*anti-social personality disorder*). Aqui acontece uma mudança importante, pois o foco mudou para uma orientação criminal-comportamental. Desapareceram os traços de personalidade, e o diagnóstico seria atribuído se houvesse uma persistente violação das normas sociais, incluindo mentir, roubar, cabular aula, histórico de empregos inconstantes e detenções policiais.

Turner e Hersen (1984) destacam o fato de que um traço, como "ausência de culpa ou remorso", que poderia ser apontado como uma das características distintivas deste quadro, até então não consta na lista. Entretanto, consideram ainda uma vantagem sobre os sistemas classificatórios anteriores, uma vez que "especificam os problemas por meio de características mais comportamentais e, portanto, melhor observáveis, aumentando a confiabilidade do diagnóstico" (p. 421). Por outro lado, como aponta Hare (1996), aumenta-se a confiabilidade mas diminui-se consideravelmente a validade de tal categoria por falta de congruência com os conceitos de psicopatia. Ou seja, os critérios do manual são suficientemente amplos para incluir praticamente todos os transtornos antissociais de personalidade que apresentam predominantemente padrões de interação agressivos e comportamento transgressivo.

A mesma situação se observa na revisão feita em 1987 que deu origem ao DSM-III-R (Revisado). Kernberg (1995) faz uma crítica nesta mesma linha apontando que se por um lado o DSM-III-R enfatiza os antecedentes da infância, por outro "ele inclui delinquentes com maquiagens de personalidades muito diferentes, obscurecendo a distinção entre determinantes socioculturais e econômicos da delinquência, de um lado, e psicopatologia da personalidade, de outro" (p. 73). Outro aspecto notado por este autor é que a categorização negligenciava o *transtorno da personalidade antissocial de tipo não agressivo*, no qual a característica marcante não seria a agressividade, mas um comportamento chamado por ele de *cronicamente parasítico e/ou espoliativo*.

Em 1995 temos o DSM-IV. A sua atualização ocorreu com a publicação do DSM-V em 2013. Transcrevo abaixo na íntegra a citação do quadro que nos interessa.

301.7. (F60.2) Transtorno da Personalidade Antissocial

A. Um padrão difuso de desconsideração e violação dos direitos das outras pessoas que ocorre desde os 15 anos de idade, conforme indicado por três (ou mais) dos seguintes:

1. Fracasso em ajustar-se às normas sociais relativas a comportamentos legais, conforme indicado pela repetição de atos que constituem motivos de detenção.
2. Tendência à falsidade, conforme indicado por mentiras repetidas, uso de nomes falsos ou de trapaça para ganho ou prazer pessoal.
3. Impulsividade ou fracasso em fazer planos para o futuro.
4. Irritabilidade e agressividade, conforme indicado por repetidas lutas corporais ou agressões físicas.
5. Descaso pela segurança de si ou de outros.
6. Irresponsabilidade reiterada, conforme indicado por falha repetida em manter uma conduta consistente no trabalho ou honrar obrigações financeiras.
7. Ausência de remorso, conforme indicado pela indiferença ou racionalização em relação a ter ferido, maltratado ou roubado outras pessoas.

B. O indivíduo tem no mínimo 18 anos de idade.

C. Há evidências de transtorno de conduta com surgimento anterior aos 15 anos de idade.

D. A ocorrência de comportamento antissocial não se dá exclusivamente durante o curso de esquizofrenia ou transtorno bipolar. (DSM-V, 2014, p. 659)

Características associadas que apoiam o diagnóstico:

- falta de empatia (insensíveis e cínicos, desprezam os sentimentos, direitos e sofrimentos alheios);
- autoestima enfatuada (rei na barriga), arrogante ('o trabalho comum não está à minha altura'), opiniáticos, autossuficientes, vaidosos;
- encanto superficial e não sincero, volúveis, facilidade com palavras (usam termos técnicos que impressionam);
- histórico de múltiplos parceiros sexuais;
- pai/mãe irresponsável. (DSM-IV, 1995)

As taxas de prevalência situam-se entre 0,2 e 3,3%. A mais alta (maior que 70%) está entre as amostras mais graves de indivíduos do sexo masculino com transtorno por uso de álcool em clínicas especializadas em abuso de substância, prisões ou outros ambientes forenses. O DSM-V destaca também maior prevalência em amostras afetadas por pobreza (fator socioeconômico) ou socioculturais adversos, citando como exemplo a imigração (DSM-V, 2014, p. 661).

O quadro tem um curso crônico, mas pode se tornar menos evidente ou apresentar remissão conforme o indivíduo envelhece, o DSM-V repete o dado anterior de tal ocorrência a partir da quarta década de vida.

Apreciando os fatores genéticos destaca-se:

- é mais comum entre parentes biológicos em 1º grau;
- familiares de mulheres com transtorno têm um risco maior;
- filhos adotivos ou biológicos com pais com transtorno antissocial de personalidade têm risco maior.

Cumpre notar que "transtorno de personalidade dissocial", "psicopatia" e "sociopatia" foram termos utilizados para se referirem ao transtorno de personalidade antissocial. O DSM-IV acaba por reagrupar aquilo que o DSM-I distinguia entre *reação antissocial* e *reação dissocial*. O primeiro termo diria respeito ao *psicopata* e o segundo a um grupo de pacientes que ignoram normas sociais, que se criam em ambiente social anormal, mas que ainda são capazes de mostrar *fortes sentimentos de fidelidade* na área pessoal (Kernberg, 1995). O termo *reação associal* é usado também por Coleman (1973) com o mesmo sentido de reação dissocial.

Vou tratar agora, na próxima seção, sobre a forma com que os psicanalistas denominaram e estudaram este quadro. Como pudemos observar, mesmo dentro da Psiquiatria existem discordâncias quanto à delimitação nosológica da psicopatia, o que revela a própria discordância quanto ao seu diagnóstico e etiologia.

Terminologia na literatura psicanalítica

Ferraz (1994), em um levantamento de psicanalistas que trabalharam com a psicopatia, discriminou um uso variado dos termos, por vezes tomado de empréstimo da terminologia psiquiátrica. Relacionarei a seguir os autores citados, acrescidos de outros que se encontram na literatura disponível. O termo *psicopatia* foi empregado por Wittels, 1938; 1948-49; Deutsch, 1955; Joseph, 1960; Paz, 1966; Zac, 1966; Grimberg, 1966; Bleger, 1966; Symington, 1980; Kernberg, 1984. O termo *personalidade psicopática* foi utilizado por Bromberg, 1948; Johnson & Szurek, 1952; Karpman, 1959 e Joseph, 1960. O termo *caráter psicopático* foi preferido por Michaels e Stiver, 1965. Friedlander (1945) utilizou o termo *caráter antissocial.* Reich (1925) referia-se ao *caráter impulsivo.* O argentino Rolla utilizou o termo *organização psicopática da personalidade* (1973). Dejours propôs o conceito de *tópica do psicopata* (1988). Acrescento a esta lista a denominação *perversão de caráter,* de Bergeret (1998).

Cabe lembrar que houve muitos esforços clínicos e de teorização tendo como objeto a criança. O estudo do desenvolvimento infantil e de seus problemas sempre foi uma fonte rica de pesquisa da gênese dos mecanismos psíquicos. Neste sentido, Schmideberg (1935) usou o termo *associal* para crianças com problemas comportamentais, que hoje são denominados de *Transtornos da Conduta* segundo o DSM-V (Apêndice). Anna Freud referia-se a *comportamentos dissociais* (1949). Winnicott preferiu usar o termo *tendências antissociais* (1956, 1966, 1971).

Houve autores que questionaram a própria validade de se considerar a psicopatia enquanto uma entidade clínica. Nesta linha inscrevem-se Eissler (1950) e Ackerman (1961).

2
A psicopatologia do psicopata

Delineamentos freudianos

Freud escreveu, em 1916, o artigo *Alguns tipos de caráter encontrados no trabalho psicanalítico*, no qual fala de três tipos de caráter. O que interessa para nosso estudo é o que ele chama de *criminosos em consequência de sentimento de culpa*. Segundo Freud, há indivíduos que, sob pressão de um *sentimento de culpa inconsciente*[1], buscam, por meio de um ato criminoso, o alívio e a justificação de tal culpa; portanto, a punição seria parte integrante do sintoma (crime).

Os atos ilícitos (furtos, fraudes, incêndios) relatados por seus pacientes em análise começaram a chamar a sua atenção quando eram cometidos por pacientes *durante o tratamento* e

1 É um certo paradoxo falar-se de um "sentimento de culpa inconsciente", uma vez que o sentimento (afeto) não pode ser inconsciente quando faz parte da apercepção daquele que sente. O que Freud designa aqui é que a representação psíquica (ideia) que estaria ligada a tal sentimento *encontra-se fora da consciência do indivíduo*. Ou seja, o recalcamento recai sobre a representação ideativa. É neste sentido que Laplanche & Pontalis atestam que Freud concordou que a expressão "necessidade de castigo" poderia ser mais adequada (p. 616). Alexander usa este termo em seu artigo "*The need for punishment and the death instinct*" (1929). Wilhelm Reich também utiliza tal termo em "The need for punishment and the Neurotic Process", *Int. J. Psycho-Anal.*, v. 9, p. 227.

em idade muito posterior à puberdade. Por meio da análise destes casos, ele constatou a preexistência de um 'penoso sentimento de culpa' anterior a uma transgressão real. Freud faz a distinção deste tipo de caráter, "dos delinquentes adultos que cometem delitos sem sentimento de culpa, aqueles que não desenvolveram inibições morais, como aqueles que creem justificada sua conduta por uma luta contra a sociedade". Neste sentido, ele não chamou tal criminoso neurótico de *psicopata*. Podemos considerar, no entanto, que ele inaugurou toda uma linha de pesquisa e de exploração sobre os determinantes neuróticos de um ato criminoso.

Em 1931, em *Tipos libidinais*, Freud traça um quadro de classificação caracterológica definida pela organização da libido. Nesta caracterização de *tipos psicológicos*, interessa-nos ressaltar que Freud faz menção a um tipo em particular que "apresenta alguns dos fatores essenciais que condicionam a criminalidade". Freud parte de três tipos libidinais principais: o tipo erótico (cuja libido é voltada, na maior parte, para a vida amorosa, com angústia de perda do amor, dependência dos objetos externos e, portanto, cuja principal necessidade é a experiência de ser amado), o tipo obsessivo (dominado pela ação do *superego* e pela angústia moral, o que o limita e o coloca na dependência interna das instâncias interditoras) e o tipo narcisista, "sem tensão entre o *ego* e o *superego*, nem predominância das necessidades eróticas, orientado para a autoconservação, autônomo e pouco intimidável; impõe-se como "personalidade" particularmente qualificada para servir de sustento aos outros, assegurar o papel de líder, dar ao desenvolvimento cultural novas impulsões ou atacar aquilo que está estabelecido. Nesta qualidade de ser transgressivo às normas vigentes, ele pode ser tanto aproximado à figura do "herói" quanto do criminoso

(Ferraz, 1994, p. 102). Com esta caracterização, o criminoso se aproxima da figura do *psicótico* em função dos destinos possíveis do narcisismo.

Com tais delineamentos podemos nos perguntar se o psicopata estaria mais próximo do neurótico ou do psicótico. Seguiremos alguns psicanalistas e observaremos suas respostas.

Da atuação neurótica à fuga da realidade

Os primeiros estudos psicanalíticos abordando o ato criminoso são também as primeiras contribuições da psicanálise para a criminologia. O interesse se voltava principalmente sobre a gênese da "alma criminosa" e a busca de intervenções e formas de prevenção.

August Aichhorn é um dos pioneiros, publicando seu trabalho *Verwahrloste Jugend*[2] em 1925. Este educador de formação trabalhou durante muitos anos como diretor de reformatório para jovens, fazendo a sua formação psicanalítica posteriormente. Freud escreve o prefácio deste livro, mostrando-se satisfeito com o interesse despertado pela psicanálise sobre as questões da educação infantil. Já nesta ocasião Freud chama a atenção para a diferença entre a "tarefa educativa" e a "atividade analítica", dizendo, textualmente, que tanto para a criança quanto para o menor abandonado e também para o criminoso impulsivo *faltam determinadas estruturas psíquicas como uma atitude particular frente ao analista.*

2 O livro foi traduzido para o inglês com o título *Wayward Youth*. New York, Viking Press, 1935.

O interesse de Aichhorn era investigar as características comuns que levavam à delinquência. Sua crença era de que os fatores ambientais levavam à delinquência somente quando houvesse um "estado latente de delinquência", ou seja, uma predisposição para reações antissociais já existente (*apud* Friedlander, 1945, p. 190).

O grupo mais difícil de se lidar, o chamado "grupo agressivo", manifestava uma total indiferença quanto às consequências de seus atos. Aichhorn entende que haveria uma "falta de independência do *superego* das pessoas reais do ambiente". Seu trabalho era no sentido de possibilitar a *internalização do superego*; isto era observado quando começavam a sentir *culpa* de sua conduta destrutiva em relação aos adultos da instituição.

Outro pioneiro nos estudos que envolvem atos transgressivos foi Franz Alexander, que, ampliando a tese freudiana, definiu o *caráter neurótico* e o *criminoso neurótico*, que constituiria um subgrupo do caráter neurótico. Alexander teve um papel importante ao trazer as suas contribuições dentro de um quadro de referência psicanalítica para os métodos legais existentes para lidar com infratores. A título de curiosidade: o interesse de Alexander nas motivações inconscientes de atos criminosos se iniciou a partir de sua experiência como *perito psiquiatra* no tribunal alemão. A sua avaliação de uma jovem cleptomaníaca foi decisiva para que o juiz decretasse a suspensão da pena, condicionando-a a um tratamento psicanalítico (Alexander & Selesnick, 1980).

Alexander também trabalhou em conjunto com um advogado de Berlim, Hugo Staub (1886-1942). Juntos estudaram uma série de casos em que suspeitavam da existência de motivações inconscientes para o ato transgressivo. Neste trabalho, publicado em 1929 como "*The Criminal, the Judge and the Public*", eles reforçam a tese freudiana da origem associal do homem e de um necessário processo de amadurecimento emocional para a aquisição de atitudes sociais. Eles chegam a propor um tratamento psicoterapêutico a todos os infratores.

Alexander desenvolveu trabalhos também com William Healy e, juntos, publicaram *Roots of Crime*, em 1935. Os dois dispuseram de uma dotação de dinheiro para conduzir um estudo exploratório de *casos de criminosos* em instituição fechada entre os anos de 1931-1932 em Chicago. Alexander e Healy demonstraram, por meio do material inconsciente revelado, que os *fatores ambientais* eram responsáveis pelo desenvolvimento do comportamento criminoso. Ainda que a restrição da amostra do estudo e o tempo limitado dos atendimentos não permitam uma grande generalização das conclusões, Alexander e Healy sustentam que a ajuda psicanaliticamente orientada poderia ter evitado tais carreiras criminosas (Bergler, 1945; Friedlander, 1949).

Na categorização de Alexander, o *psicopata* estaria classificado como o *criminoso nato ou normal*, cuja participação do *ego* não sofre nem influência de drogas ou distúrbios orgânicos, nem de sentimento de culpa inconsciente (criminoso neurótico) e nem de condições sociais ligadas ao seu desenvolvimento (o que seria a reação dissocial ou associal, na classificação do DSM-II).

Wilhelm Reich tem um trabalho interessante, datado de 1925, no qual dialoga com Aichhorn e Franz Alexander. A partir de casos clínicos da Clínica Psicanalítica de Viena, ele se pergunta sobre aqueles casos nos quais o fator característico seria a *predominância de comportamentos não inibidos* (comportamentos de malandragem, mentira, queixas, megalomania e ideias paranoides).

Reich define estes casos sob a denominação *caráter impulsivo* em função de suas ações e padrões de comportamentos "ditados pela compulsão à repetição que domina a personalidade". Observa ainda algumas características específicas comparando este tipo de paciente com o neurótico obsessivo. Em ambos os casos aparecem comportamentos repetitivos e não controláveis, porém no neurótico obsessivo os atos compulsivos são sentidos como "corpos estranhos" (egodistônico), enquanto a impulsividade do caráter impulsivo é uma característica de personalidade e raramente reconhecida como patológica (egossintônico). A pulsão, no caráter impulsivo, é geralmente mais difusa em relação ao objeto ao qual se liga, às situações em que isto ocorre, variando em tipo e intensidade, sendo completamente dependente das condições sociais. O que é diferente para o neurótico obsessivo, cuja compulsão não varia e nem é dependente das circunstâncias externas. Portanto, é mais fácil perceber a relação do caráter impulsivo com a realidade externa, sendo que suas ações impulsivas são mais compreensíveis (fazem mais sentido) e, muito mais racionalizadas.

O *ego* teria poucos recursos frente à pressão das pulsões, predominando um padrão de comportamento marcado por *atuações*[3]. O *sentimento de culpa* estaria presente, assumindo uma forma masoquista. Neste sentido, Reich está falando

3 Ou *acting out*: "Termo usado em psicanálise para designar as ações que apresentam, a maior parte das vezes, um caráter impulsivo, rompendo relativamente com os sistemas de motivação habituais do indivíduo, relativamente isolável no decurso das suas atividades, e que tomam muitas vezes uma forma auto - ou heteroagressiva. No aparecimento do *acting out* vê o psicanalista a marca da emergência do recalcado. Quando aparece no decorrer de uma análise (quer seja na sessão, quer fora dela), o *acting out* tem de ser compreendido na sua conexão com a transferência, e frequentemente como uma tentativa para a desconhecer radicalmente" (Laplanche & Pontalis, 1983, p. 27).

que existe um *superego*, porém malformado; no entanto, a *impulsividade* característica deste quadro é acompanhada por *formações neuróticas*. A possibilidade de existir impulsividade *sem* formações neuróticas é contemplada como sendo "o caso de alguns tipos associais" (p. 281). Porém, ele não se estende nesta linha. Seriam estes "tipos associais" sem inibição, culpa e, portanto, sem uma estrutura neurótica o verdadeiro psicopata?

Outra figura célebre que vem contribuir com a nossa pesquisa, membro do grupo inicial de psicanalistas, é Karl Abraham. A sua investigação sobre as organizações libidinais e suas relações com as perturbações mentais e formação do caráter é considerada sua contribuição de maior importância. Seu esforço para a aproximação da psicanálise da criminologia também é digno de nota. Os primeiros estudos de casos de cleptomania à luz da psicanálise foram de sua autoria[4]. O que nos interessa aqui é um artigo, publicado por ele em 1935, em que temos o relato de seu contato e de sua surpresa frente ao que ficou conhecido como um tipo particular de psicopata: *o impostor*. Analisarei este caso de forma detalhada na seção 4.1. Por ora, farei constar que Abraham alinha este caso dentro da tipologia freudiana de *criminosos por sentimento de culpa*. Ou seja, na linha de considerar senão o psicopata de uma forma geral, pelo menos aqueles que apresentam a *impostura* como a faceta característica enquanto um neurótico. Ele se refere a este caso como sendo um caso raro de "cura pelo amor".

4 Cabe esclarecer que a cleptomania não faz parte do rol do Transtorno da Personalidade Antissocial. O furto do cleptomaníaco é fruto de uma compulsão, sendo egodistônico. O indivíduo sabe que é errado, sofrendo por não conseguir se controlar. Outras formas de compulsão são a piromania (colocar fogo) e o jogo patológico.

Uma importante contribuição vem de Melitta Schmideberg, que é nada menos que filha de Melanie Klein. Ela organizou em Nova York a Associação de Tratamento Psiquiátrico de Infratores. Em seu artigo de 1935, que já havia sido publicado originalmente em 1932, ela apresenta seis casos de *crianças associais*. Ela privilegia uma leitura psicodinâmica do comportamento antissocial, explicando, por meio de ilustrações clínicas, os comportamentos mais comuns associados a este quadro. Há explicações psicodinâmicas para *agressão, furto, mentira, calúnia, simulação (hipocrisia), falta à escola (cabular aulas), conduta sexual indecente, uso de palavras obscenas* utilizando-se de exemplos dos diversos casos analisados.

Vale a pena repassar o que a autora refere da análise da ***agressão*** acompanhando o desenvolvimento do tratamento de um menino de oito anos e meio, Willy. Schmideberg interpreta o comportamento agressivo do menino como dirigido a objetos parciais (seios, genitais, ânus) enquanto substitutos, em última análise, do pênis paterno. Portanto, haveria *um impulso sexual sádico homossexual de base;* haveria um *comportamento paranoide* (se duas pessoas estivessem conversando estariam falando dele; se o telefone tocasse eram os pais dele para perguntar sobre ele) entendido como *projeção de sua agressão*. Em função disto, todos eram vistos como inimigos, dos quais necessitava defender-se. Sua defesa contra o ataque iminente era a agressão, o que realimentava um círculo vicioso, aumentando-lhe a ansiedade por uma possível retaliação.

A agressão era o correlato de uma grande inibição da fantasia e incapacidade de crítica mental; havia apenas atuação (*acting-out*) na realidade. E era a sua reação imediata a situações que causavam ansiedade, como também era a forma de provar que não tinha medo. Foi observado que à medida que

Willy conseguiu passar pelas crises de fúria, recriminação a seus pais e queixa da analista, seu comportamento agressivo, tanto fora quanto dentro da sessão, diminuía.

E qual era a *dinâmica da agressão* dentro da sessão? Willy projetava seus impulsos na analista (ela é quem furtava, urinava no divã, etc.) e, então, passava a agredi-la. Ou seja, a dinâmica intrapsíquica era representada externamente, passando a analista a ser representante do *id*: *sua agressão representava aquela de seu superego sobre seu id*. Portanto, a autora equaciona os acessos de fúria de Willy como *defesa à depressão*, por meio de uma mistura de *mecanismos maníacos* e *paranoides*:

1. projeção do objeto perseguido (mecanismo da mania) e seus próprios impulsos proibidos;

2. projeção do objeto persecutório (mecanismo da paranoia);

3. identificação com o *superego* perseguidor.

Aparentemente não existe *sentimento de culpa*, mas isto ocorre porque o *superego* está colocado fora, no mundo externo; e, parcialmente, porque ele é aplacado por meio da perseguição dos objetos sobre os quais foram projetados seus próprios impulsos do *id*. Voltarei a este ponto quando abordar a questão do *superego*.

A autora faz uma relação entre a *impulsividade* e a *dificuldade de fantasiar*. Tal impulsividade, proveniente de uma intolerância à tensão, leva à procura de uma gratificação pulsional imediata e uma inabilidade em renunciar ao prazer. Ora, a renúncia a uma gratificação só é possível frente à crença na gratificação postergada ou substituída. Entraria aí a capacidade de manter a ideia desta gratificação (objeto desejado) suficientemente forte e viva. Esta capacidade está na dependência da capacidade de manter a possibilidade de fantasiar. É desta forma que podemos considerar o que significa dizer que o psicopata tem mundo afetivo pobre, apresentando uma grande inibição da capacidade de fantasiar.

A explicação para a falta de *insight* (egossintonia das condutas antissociais) residiria numa *fraqueza do ego*. A falta de *insight* sobre sua condição poderia ser considerada um *sintoma*, que expressa uma relação falha com a realidade (função do *ego*). A falha ocorre para reconhecer conflitos com a realidade externa, bem como os conflitos internos no âmbito da realidade psíquica. Esta falha tem também como consequência colocar o sujeito mais dependente dos objetos para proteger-se tanto das ameaças do *superego* quanto das demandas do *id*. A autora defende o ponto de vista de que o *comportamento associal* representa uma fuga para a realidade do que poderia se configurar uma psicose. Para apoiar esta ideia, ela recapitula Glover (no artigo "The etiology of drug-addiction"), que caracteriza o *ponto de fixação da libido* nos casos analisados como estando na *fase oral tardia* ou na *fase anal inicial*. As estruturas mentais do associal e do psicótico estariam muito próximas, com a diferença que o psicótico abandonou as relações com objetos reais e o associal as manteve, mas com caráter quase exclusivamente negativo.

Schmideberg faz referência à tipologia proposta por Alexander e Staub (1929), questionando-a. Em função das características apontadas (incapacidade para amar ou realizar formações reativas, sem demonstração de culpa, impulso dirigido à obtenção do prazer, sem mudança com punição), Willy seria enquadrado na categoria do indivíduo "nascido criminoso" ou seja, o criminoso nato, e não o neurótico. Mas se fosse possível fazer uma inferência do jovem delinquente ao adulto criminoso, e se no criminoso neurótico o comportamento criminoso está no lugar de uma neurose manifesta, então, afirma ela, poderíamos falar do *criminoso psicótico*, isto é, aquele para quem o comportamento criminoso representa uma proteção contra uma psicose. Assim, no caso de Willy, entende-se que ele se sentia perseguido (ideias paranoides injustificadas), defendendo-se por meio de atos associais e apegando-se à realidade; tais atos conduziam justamente a uma situação real, cuja consequência era uma confirmação das ideias paranoides de perseguição.

Por meio da apreciação dos trabalhos destes autores, vimos como a condição psicopática oscila entre a neurose e a psicose, não se confundindo nem com uma nem com outra, mas compartilhando certas características de cada quadro. Ao longo das investigações psicanalíticas, a própria concepção de "criminoso nato" vai perdendo força, ao mesmo tempo que eram lançadas as bases psicológicas para se pensar o comportamento antissocial (Friedlander, 1945).

A gênese da psicopatia em um ponto de fixação?

Vimos como Schmideberg localiza o ponto de fixação da libido de seus pacientes com comportamentos associais na fase oral-sádica (na qual predominam as fantasias de destruição do objeto) ou na fase anal-sádica em seu período inicial, em que o erotismo anal está ligado à função de evacuação e a pulsão sádica à destruição do objeto. Esta posição não é unânime.

Fritz Wittels, originalmente da Associação Vienense de Psicanálise e posteriormente radicado em Nova York, propõe, em 1932, uma classificação do psicopata dentro do sistema de pensamento psicanalítico em que postula outro ponto de fixação: na fase fálica, mais especificamente na *fase protofálica*[5].

> O assim chamado psicopata, ou um certo grupo de psicopatas, tem seu ponto de fixação na fase protofálica. A complicação da neurose com a psicopatia ocorre em função de um segundo ponto de fixação na fase deuterofálica. O psicopata protofálico é um indivíduo cujo *superego* difere consideravelmente do *superego* do indivíduo normal tanto quanto do indivíduo neurótico. A sua evolução é tardia, poupando o psicopata dos inevitáveis conflitos normais e neuróticos entre o *id* e o *ego*. Ele é impulsivo, controlado apenas pelo medo a agentes externos. Ele vê e compreende os perigos de fora, mas os perigos dentro de si e conflitos de consciência são coisas desconhecidas por ele. (p. 471)

Este autor considera que a criança não se conhece como ser sexualizado nesta fase, predominando características da *bissexualidade*. A fixação na fase protofálica faria com que o indivíduo postergasse até a vida adulta os conflitos oriundos da *percepção da diferença sexual* (fálico-castrado) com todas as suas decorrências (medo da castração ou percepção da castração e complexo de Édipo).

O raciocínio de Wittels é o seguinte: uma vez que o psicopata não acerta contas com o seu Édipo na fase deuterofálica, o seu *superego* e os mecanismos de defesa não se

5 O autor recorre a Ernest Jones, que propõe, no trabalho "The phallic phase" (1933), duas fases dentro da fase fálica: protofálica e deuterofálica. A fase protofálica, de acordo com Jones (*apud* Wittels), "alcança a primazia definitiva dos genitais, mas, até este momento, não leva em conta a diferença entre os sexos, como também não existe ainda o medo da castração, pois o complexo de Édipo ainda não se instalou" (p. 171).

desenvolvem apropriadamente. A não definição da sexualidade deixaria o psicopata com características que ora lembram o homem, ora a mulher; ou ainda com características que apresentam uma dupla polaridade.

É neste sentido que este autor explica a existência quase de uma "dupla personalidade" quando o psicopata se apresenta hipersexualizado ou hipossexualizado, às vezes rude, outras vezes delicado, mau e bom, cínico e idealista e, até mesmo, estúpido e esperto. Isto porque os dois componentes da bissexualidade estão desintegrados e coexistindo lado a lado.

> Ele não aprendeu a se fixar e se limitar a apenas um sexo, porque ele nunca passou pela estreita passagem do medo da castração. Poder-se-ia perguntar: Por que ele não é declaradamente homossexual? A resposta poderia ser: ele frequentemente é declaradamente homossexual e quase sempre cria esta impressão. Este tipo assemelha-se a um pênis e atrai não só a atração de mulheres como de homens. Ele engana não só os homens como também as mulheres, e no entanto ambos não costumam guardar ressentimentos contra ele. Eles ignoram a sua natureza agressiva e destrutiva porque eles se sentem atraídos pela criança que existe nele. Suas vítimas, exceção feita aos que são como ele, sofrem intensamente mas eles 'sabem' que ele não quis realmente feri-los. (p. 475)

Continuando nesta linha de raciocínio, a ausência característica de culpa seria explicada exatamente por esta estrutura bissexual na qual os conflitos da identidade sexual não são colocados. O aspecto sedutor e cativante, como a característica que se sobressalta no tipo impostor de contar mentiras e assumir identidades, é reputado à estruturação específica decorrente deste ponto de fixação. Wittels faz referência ao caso descrito por Abraham (1925), do qual destaca o diagnóstico de que: "O curso regular de seu complexo de Édipo não aconteceu" (p. 482). Apoia-se também em Kielholz[6], outro autor que, seguindo na linha de Abraham, procedeu a investigações em sujeitos com as mesmas características de impostura, mentira e fraude. Citando este autor: "Mentirosos patológicos mentem como crianças que não se decidiram sobre seu sexo... eles são capazes de uma melhor empatia porque, em função de sua organização bissexual, eles se identificam melhor que as pessoas normais com pessoas de ambos os sexos" (p. 483).

Wittels vê aí a origem da capacidade do psicopata de "tocar ambos os instrumentos" e de transitar com tranquilidade entre duas polaridades dessexualizadas: meu e seu (justificando seu comportamento de roubar); verdadeiro e falso (facilitando o mentir); eu e o outro (por sua capacidade de assumir identidades alheias); coragem e covardia (exercendo as polaridades da agressividade). Quando matam, eles matam uma das polaridades que projetam no mundo exterior.

Apesar de a explicação de Wittels nos parecer convincente como uma "chave" para entender a fenomenologia da psicopatia, sua conclusão quanto ao ponto de fixação parece equivocada. A evidência clínica na qual se baseia apoia-se em casos de *cleptomania*. A análise de tais casos havia revelado o desejo de roubar o pênis paterno como substrato inconsciente dos furtos compulsivos. No entanto, é preciso notar que a compulsividade do cleptomaníaco não afeta a capacidade de julgamento moral. Há uma consciência e um julgamento moral do próprio ato, do qual há sentimento de

6 A. Kielholz, "Weh dem, der luegt"; I. Z. P., 1933. Case Walter (*apud* Wittels, p. 479).

culpa e sofrimento. Penso que a inclusão da cleptomania enquanto psicopatia se deva ao contexto histórico no qual atos transgressivos de maneira geral podiam ser assimilados neste diagnóstico.

Até agora a posição de fixação da libido na psicopatia poderia estar na fase oral, anal ou fálica. Podemos dizer que é um distúrbio que se manifesta na fase pré-genital, não fosse a inespecificidade de deixar as coisas nesta forma tão genérica.

É necessário assinalar que outros autores indicaram um problema de percurso na vida do indivíduo que teria ocorrido em um momento precoce de vida, correlacionando-o com a fase oral.

Alexander e Healy propuseram a fixação oral na posição receptiva em função de um excesso de mimos pela mãe e irmãs de um paciente analisado por eles[7]. Edmund Bergler (1945-46), apoiando-se nestes autores, propõe uma explicação para o ato criminoso. A sua origem no ponto de fixação oral dar-se-ia pelo extremo desamparo do bebê e de sua total dependência da mãe nesta fase. Em suas palavras: "O sentimento de profunda injustiça conduz à mesma situação do mecanismo de oralidade com a seguinte modificação – a frustração real ou imaginada em tenra idade tem como consequência uma absoluta impotência para obrigar a mãe a reconhecer a capacidade da criança para vingar-se. Esta impotência interior é contraposta por um 'ato erostrático'[8] (o crime em suas diferentes fases) para obrigar à mãe (ou seus representantes sucessivos) a reconhecer a sua capacidade

7 Alexander, F.; Healy, W. "Un favorito de las mujeres". In: *Revista de Psicoanalisis*, Argentina, n. 3, p. 278-298, 1945-46. Publicado no livro *Roots of crime*, 1935.

8 O autor chama o ato criminal de "ato erostrático" em alusão a Eróstrato, que incendiou o templo de Artemis em 356 a.C. para ficar famoso.

para vingar-se. Ora, neste sentido o ato criminoso serviria como defesa, inscrevendo a resolução do conflito em uma solução neurótica de fundo masoquista, na qual a sensação de 'justa indignação' dá lugar a uma autocomiseração".

Porém, tanto Alexander e Healy como Bergler estão falando de casos clínicos que não se "encaixam" totalmente na categoria de *psicopatia*. Para os primeiros, o caso analisado do qual retiram tal conclusão é de um sujeito chamado Ferdinando Pérez, analisado aos vinte e oito anos. Apesar da presença de agressividade e atos antissociais, os autores constatam *sentimento de culpa* presente em relação ao irmão e capacidade de demonstrar *generosidade*. Bergler está mais interessado em fazer uma generalização para o *delinquente*, terminando por retratar o comportamento neurótico que pode se manifestar por meio da transgressão. Neste sentido, sua contribuição vem aprofundar alguns aspectos do quadro que Freud já descreveu como o "criminoso por sentimento de culpa".

Um autor chamado Walter Bromberg (1948), que utiliza a terminologia *personalidade psicopática* e a coloca como uma doença neurótica, correlaciona a baixa capacidade de formação de relações de objeto com uma problemática do *narcisismo*. Sua hipótese é que a fixação narcisista tenha ocorrido por um inadequado recebimento de segurança em fases pré-edípicas de organização. A baixa autoestima destes indivíduos viria do relacionamento com figuras de autoridade cujos protótipos foram os pais rechaçantes que tiveram. A ideia aqui presente é a seguinte: como o bebê teve de valer-se de seus próprios recursos frente a uma situação de falta, ele não criou a possibilidade de abandonar a *onipotência* e atribuí-la a um outro externo. Tal possibilidade estaria prejudicada frente à necessidade de o bebê buscar uma autossuficiência a fim de suprir uma falta real às suas necessidades. A categorização de Kernberg (1995) também é desenvolvida em cima da ideia de uma problemática em torno do narcisismo.

É necessário enfatizar que delinquência não é sinônimo de psicopatia. E que nem todo psicopata é um criminoso. A presença de atos antissociais transgressivos é, antes de mais nada, um critério externo, ou seja, social e legal. McCord e McCord (1956)[9] apontam a confusão entre o neurótico e o psicopata em função do *acting-out* (atuação)[10] no qual os sintomas com-

9 *Apud* Rieber & Vetter, 1994.

10 O verbo *to act out* e o substantivo correspondente *acting out* têm sido traduzidos como "atuar" e "atuação", embora, em verdade, não exista na língua portuguesa um termo que traduza inteiramente o sentido coloquial e literário de *to act out* e *acting out*.

To act out significa uma pessoa representar ou manifestar, na sua conduta e na sua expressão corporal, um conteúdo psíquico, próprio ou temporariamente assimilado. Assim, para significar que uma pessoa está externando na sua conduta um sentimento ou ideia, que um ator desempenha determinado papel, ou que um aluno repete, e de certo modo encena, em aula, um diálogo decorado, diz-se que *he is acting out a feeling, a dialogue* etc. Acepção semelhante possuem o verbo *to enact* e o substantivo *enactment*: "representar", "interpretar" (cena de peça teatral), "fazer o papel de", "obter representação na conduta", "exprimir na ação".

Em alemão, o verbo *agieren* (intransitivo) significa "agir", "funcionar", "comportar-se", "desempenhar um papel"; *agieren als*, "agir como", "funcionar como", "assumir o papel de" (N. do T. Bras.). Sandler, J.; Dare, C.; Holder, A. (1977, p. 85). Os autores, em seu trabalho de pesquisa dos conceitos básicos do processo psicanalítico, ensinam-nos que Freud empregou tanto a forma coloquial *handeln* como a menos coloquial *agieren*, traduzidos para o inglês como *acting out*. Os autores apontam uma dilatação do conceito que parece despojá-lo do seu significado original. Eles propõem a utilização do termo *enactment* para a tendência geral à ação impulsiva ou irracional, mantendo a atuação ligada ao processo de tratamento. Apontam ainda que a essa dilatação do conceito acrescentou-se "a conotação pejorativa do termo". É fácil perceber como isto se aplica à psicopatia, cuja realidade clínica sempre se associou a uma conotação moral.

Laplanche e Pontalis deixam consignados, em seu *Vocabulário*, que a expressão *passage à l'acte*, o equivalente na língua francesa mais frequentemente utilizado, tem o inconveniente de já ter sido adotada na clínica psiquiátrica para designar atos impulsivos, violentos, agressivos, delituosos (assassínio, suicídio, atentado sexual etc.); o indivíduo *passa* de uma representação, de uma tendência, *ao ato* propriamente dito (p. 29). Veremos mais adiante como Dejours utiliza "*acting out*" e "atuação" com sentidos distintos.

portamentais de agressividade e associalidade são comuns. É preciso avaliar a existência ou não de uma instância moral ou de valores para o próprio sujeito. Ou seja, como ele se coloca (ou não) a questão de um compromisso com alguma lei internalizada. Este ponto nos leva a questionar: o psicopata não tem *superego*? Qual é a relação dele com a culpa?

A problemática do superego

Quando pensamos em uma instância moral, lembramos de imediato do *superego*, herdeiro do complexo de Édipo, enquanto representante psíquico da norma internalizada.

Vimos com Reich (1925) a ideia de um *superego isolado*, não integrado completamente ao *ego* e, portanto, falho em sua função. Buscando a etiologia destes casos, Reich observa que há um padrão familiar comum de uma *grande permissividade para a satisfação das pulsões*, contraposta a uma *proibição traumática*, uma educação inconsistente ou incoerente: "Por exemplo, uma de minhas pacientes foi sexualmente abusada pelo pai, mas também foi surrada por ele até ficar inconsciente em função de seu comportamento com os colegas na rua. Uma outra paciente cresceu sem nenhuma supervisão e começou a realizar brincadeiras sexuais aos três anos [provavelmente até mais cedo], sendo terrivelmente castigada por sua mãe quando foi apanhada em flagrante. Também é muito comum que as crianças sejam educadas de uma forma muito rígida em um aspecto e deixadas completamente sozinhas em outro" (p. 279).

Reich pressupõe que o efeito deste tipo de experiência leva à presença de ódio e medo às figuras parentais, com um aumento da *ambivalência* que torna falho o processo de identificação com tais figuras. A alta intensidade do prazer autoerótico experimentado dificultaria sua necessária renúncia para que a identificação ocorresse. Como resultado, estes pacientes desenvolveriam o que ele denominou de *superego isolado*, ou seja, uma instância dinamicamente mal-estruturada e sem integração. Esta falha responderia pelo recalcamento malsucedido de certas pulsões, levando à falta de *formações reativas* e de processos de *sublimação*.

> Normalmente o *ego* de uma criança se adapta ao mundo externo incorporando partes deste mundo como um *superego*, consequentemente introduzindo formação de reação e sublimação. O desenvolvimento de uma criança é gradual; o mundo externo vai, pouco a pouco, sendo assimilado às demandas do *superego* e sendo profundamente fusionado ao *ego* existente. Estas porções da realidade externa – parcialmente modificada – são, então, assimiladas à estrutura do *ego*, e um *ego* pulsional dinâmico é forçado a se modificar e o faz completamente por meio de compromisso. Na análise de indivíduos normais ou levemente neuróticos, não é possível traçar a formação do *superego* em relação a identificações específicas. Se, no entanto, pudéssemos levar a cabo tal coisa encontraríamos o ideal de *ego* em suas múltiplas e complexas conexões, ou fusões, com as porções sexuais e outras do *ego*. Quanto mais traçamos a progressão da normalidade à patologia severa, mais claramente percebemos o fenômeno do *superego* isolado, e melhor reconhecemos a importância para a saúde mental da fusão orgânica do ideal de *ego* com a personalidade em desenvolvimento[11]. (p. 300-301)

11 Cumpre notar que Reich usa aqui "*superego*" e "ideal de ego" de forma indistinta, tal qual o uso que o próprio Freud fazia em O *ego e o id* (1923).

A ideia de um *superego* deficitário, por assim dizer, é defendida por outros autores. Kate Friedlander (1945) afirma que o portador de caráter antissocial tem um código moral falho, e sua capacidade de julgamento do que é certo ou errado está subordinada à satisfação instintual – o que o torna tão inconfiável. Isto é óbvio se pensarmos que o indivíduo busca somente a satisfação de suas pulsões, utilizando tudo e todos como meio para este fim. A falha na formação *superegoica* estaria ligada a uma *falha do ego*, uma vez que este não funcionaria de acordo com o princípio da realidade. Esta autora remete-se a Aichhorn (1936) e corrobora o que aquele descrevia como uma "falta de independência do *superego* das pessoas reais do seu meio". Quando se fala aqui de "independência do *superego*", entenda-se que tais indivíduos não se comportavam de uma maneira esperada *a não ser que as figuras de autoridade estivessem exercendo pressão de fato*. Para Billy, um menino de sete anos analisado por dois anos pela autora, "ser bom é ceder. Ele queria o que queria e não sentia nenhuma culpa quando conseguia. Em seu caso, a punição não levava a um fortalecimento do *superego*, mas era sentida como uma gratificação instintual ou como uma frustração que levava à expressão de mais hostilidade contra a pessoa que a estivesse administrando" (p. 198).

Friedlander baseia-se em análise de crianças, demonstrando que esta situação inicial interfere na identificação, durante a latência, com professores e outros substitutos da autoridade parental. Portanto, a autora reconhece, fundamentada em sua análise de casos, a semelhança do que ela chamou de *caráter antissocial* com o "caráter impulsivo" de Reich e com os indivíduos do "grupo agressivo" de Aichhorn.

Schmideberg (1935) faz uma discussão importante sobre a correlação entre *sentimento de culpa* e *superego*. A autora defende a ideia de que o problema de ações antissociais, ou associais, como diria ela, **não** está associado a uma "hipotrofia do *superego*".

> Portanto, a ausência de um sentimento de culpa pode não ser causada pela falta de um *superego*. O *superego* destes pacientes, cujas ações associais não eliciam neles nenhum sentimento de culpa, manifestava-se por meio da ansiedade dos seus objetos introjetados, embora esta ansiedade estivesse em parte projetada em objetos externos. Eu descobri que apesar da falta de sentimento de culpa, estes pacientes eram todos muito infelizes e fortemente inibidos em atividades sociais e sublimatórias; suas ações associais invariavelmente serviam também aos propósitos do *superego*; e seus sentimentos de culpa eram expressos através da projeção. (p. 35)

A autora entende o *superego* (imagos dessexualizadas e incorporadas em estágios precoces do desenvolvimento, sentidas como cruéis e evocadoras do medo) como estrutura diferente do *ideal do ego* (imagos narcisisticamente amadas, mais próximas à consciência, menos dessexualizadas e próximas aos objetos reais, ou seja, os pais), dizendo que, em sua experiência com crianças associais e psicóticas, encontrou falha total ou parcial do desenvolvimento do "ideal de ego"[12], mas *nunca havia ausência de superego*. O ideal de *ego* está associado aos "bons objetos internalizados". A função da análise seria exatamente proporcionar uma diminuição

12 Freud vai fazendo uma distinção entre "ideal de ego" e "*superego*" ao longo de sua obra. Em 1923, em O *ego e o id*, são usados como sinônimos. Já em 1932, nas *Novas lições de introdução à Psicanálise*, Freud se refere ao *superego* como uma estrutura que engloba três funções: auto-observação, consciência moral e função de ideal (Laplanche & Pontalis, p. 290).

da eficácia dos objetos maus internalizados, promovendo modificações não só nas *relações objetais* do paciente, como também em sua *capacidade para identificação.*

Outro autor que pode ser alinhado àqueles que falam, ao contrário da maioria, em existência de sentimento de culpa é Neville Symington (1980). Este analista inglês, pertencente ao Grupo dos Independentes[13], faz a caracterização do *psicopata criminoso* enquanto um sujeito *intensamente moral* e não amoral: "Frequentemente é dito que o psicopata criminoso é amoral e não está sujeito a nenhum sistema ético; nada poderia estar mais longe da verdade. Ele é intensamente moral e geralmente fala em termos puritânicos. O ódio ao objeto primário é deslocado e atuado (*acted out*) no comportamento externo, portanto os sentimentos de culpa são frequentemente deslocados para coisas aparentemente sem importância". Mais à frente, ele completa: "O sistema ético do criminoso é construído em torno de uma figura interna. O fim justifica os meios, mas há sempre um fim" (p. 293). Symington nos dá um exemplo disto:

> Certa vez, um criminoso pegou emprestado duas libras de um psiquiatra forense; alguns dias depois ele agrediu uma senhora idosa a ponto de quase matá-la. Algum tempo depois, ele estava se sentindo extremamente culpado por não ter devolvido o dinheiro do psiquiatra, mas não tinha nenhum remorso aparente em relação ao que fez à velha senhora que fora sua vítima. (p. 293)

13 Esta é a tradução do que originalmente se chama de "Middle Group", dentro dos três grupos de psicanalistas ingleses, que conta de um lado com o grupo de Anna Freud e, de outro, com o grupo de Melanie Klein.

Ao explicar tal fenômeno, Symington prescinde da referência ao *superego*. Em sua forma de entender, que leva às últimas consequências a ideia de Melanie Klein da coexistência de amor e ódio na psique humana[14], o psicopata sofreu a perda do objeto primário de amor quando mãe e bebê ainda formavam uma unidade. Esta perda aconteceria na *posição esquizo-paranoide*, nos primórdios do processo de separação entre mãe e bebê. Portanto, o bebê, ao perder a mãe (objeto primário de amor), perdeu também parte de si. É isto que o psicopata busca reencontrar incessantemente.

Na literatura psicanalítica, encontramos uma maior preocupação em uma explicação dinâmica da delinquência e, por conseguinte, das personalidades antissociais. Dois autores que chamaram a atenção para os aspectos estruturais foram Adelaide Johnson e S. A. Szurek, trabalhando no Institute for Juvenile Research (ligado à Universidade de Illinois, Chicago). Estes psicanalistas trabalharam com crianças e adolescentes que apresentavam comportamentos antissociais[15], cujos pais ou responsáveis também estavam em atendimento. Quanto aos pais, não se tratava de pessoas diagnosticáveis como transtorno da personalidade antissocial. Os terapeutas "cooperavam" entre si para entender e conter tais manifestações. Eles introduziram a ideia da existência de *lacunas no superego*. "A tese que emerge é que os pais podem obter

14 "Um dos grandes problemas sobre os criminosos, que os tem feito incompreensíveis para o resto do mundo, é a ausência de sentimentos positivos naturais do homem; mas esta falta é apenas aparente. Em análise, quando atingimos os conflitos mais profundos dos quais o ódio e a ansiedade se originam, também encontramos lá o amor. O amor não está ausente no criminoso, mas está escondido e enterrado de tal forma que nada, nem mesmo a análise, consegue trazê-lo à tona..." Klein, M. (1934). "On Criminality". In: *Love, guilt and reparation and other works*. London, Horgarth Press, 1975/ *apud* Symington, 1980, p. 294.

15 Os autores se utilizam do termo *anti-social acting out* na acepção mais ampla do termo *acting out*, englobando todas as manifestações comportamentais dentro ou fora das sessões.

gratificação vicariante de seus próprios impulsos proibidos e mal-integrados pela atuação (*acting out*) da criança, por meio de uma permissividade inconsciente ou inconsistência no trato com a criança nestas esferas do comportamento. As lacunas do *superego* da criança corresponderiam a defeitos similares [inconscientes] do *superego* dos pais, que, por sua vez, se originou da permissividade consciente ou inconsciente de seus pais" (p. 324).

Em resumo, estes autores acreditam na possibilidade de uma identificação da criança no início e ao longo do período de latência, com uma imagem *negativa* que os pais teriam dela. Esta imagem não corresponderia ao comportamento manifesto ou explicitado por eles, mas a uma *imagem alternativa*: "A mãe bem integrada e madura que diz à criança para fazer algo não vai imediatamente checar se tal coisa foi feita, também não sugere de antemão que se isto não for feito haverá sérias consequências. Esta constante vigilância e tais advertências dão a entender para a criança que há uma alternativa à ordem materna e uma alternativa à imagem *dela* na cabeça da mãe" (p. 329-330). Isto pode se manifestar de forma bastante corriqueira. Em um atendimento de casal sob minha supervisão, a mãe se refere às manifestações de rebeldia do filho de nove anos com muita dramatização. Em razão dos noticiários da época, seu temor era o de que, "se ela não controlasse e vigiasse o filho, ele poderia se tornar um 'maníaco do parque'!"

Vimos como Alexander justificava a questão da culpa como motor do crime no neurótico. Neste sentido, a necessidade de punição viria como uma forma de aplacar o *superego*. Johnson e Szurek, por sua vez, entendem que o desejo de ser descoberto em uma ação antissocial tem o sentido de *proteção* contra a possibilidade de cometer delitos ainda mais sérios. "A sequência não parece ser culpa que causa atuação (*acting out*) a fim de ser punido, aplacando a culpa. Mas sim um incentivo desatinado dos pais que causa a atuação (*acting out*), levando a uma detenção que objetiva prevenir futuras atuações (*acting out*) mais sérias com suas consequências mais graves" (p. 340).

Esta forma de pensar também aprofundou mais a compreensão quanto à influência dos pais na gênese de reações antissociais. Saímos da explicação que ficava no perfil familiar (Greenacre, 1945) ou na questão da inconsistência nos padrões educativos (Reich, 1925), ou na questão da privação afetiva[16](Abraham, 1925) ou superalimentação emocional (Deutsch, 1955).

Os casos estudados por Johnson e Szurek têm a importância de chamar a atenção para as condutas realimentadoras de comportamentos antissociais em crianças e adolescentes que, com o passar do tempo, podem se cronificar. Não se trata de casos em que os pais apresentam personalidades antissociais, mas são aqueles em que os responsáveis "bem intencionados" são coprodutores do mal que dizem querer debelar. Esta posição encontra eco, por exemplo, em Nathan Ackerman (1961), que, questionando até a validade clínica da psicopatia, defende o trabalho com a família para a contenção de atos antissociais em seus membros mais jovens.

Bruno Bettelheim (1950), trabalhando com jovens delinquentes, também enfatiza a importância de se considerar uma *realização vicária de desejos recalcados* em atos transgressivos realizados por outrem. Segundo sua experiência, o padrão familiar em que a mãe tem um padrão moral mais rígido e é

16 A questão da falta e privação ganhará novos contornos a partir da contribuição de Winnicott, que será abordada mais à frente.

a figura mais forte da casa, impondo restrições, consistência, ordem e conforto material mas com menor gratificação emocional, seria o mais propenso a levar a casos de delinquência. Haveria nesta configuração familiar uma aliança do pai com a criança (que temem a desaprovação materna). O pai geralmente se encontra denegrido em posição de irmão mais velho do filho. A identificação com o pai indulgente produz alívio, uma vez que suaviza a rigidez internalizada vinda da mãe. A moralidade representaria uma *identificação com a mãe*, enquanto a delinquência representaria o desafio à mãe e uma *aliança com o pai*, numa tentativa de suplantá-lo. Haveria uma crença ilusória em sua superioridade quando suas ações se tornam fonte de gratificação dos desejos recalcados do pai. Há uma concordância entre vários autores sobre o impacto na identificação da criança submetida a padrões morais divergentes ou dissociais, mas **não** há concordância quanto à configuração e características de pai e mãe. Basta considerar o *padrão típico* observado em famílias de personalidades antissociais descrito por Greenacre (*apud* Butcher, (1971) 1975).

Voltando ao *superego*, podemos afirmar que, para o estudo da psicopatia, a atenção ao *superego* é fundamental, sendo até mesmo um dos critérios norteadores de avaliação do grau de gravidade e de resistência a alguma forma de intervenção.

Otto Kernberg (1995), um autor que nos ajuda a localizar a psicopatia dentro da psicopatologia psicanalítica contemporânea, propõe levar em conta o comprometimento do *superego* e a qualidade das relações objetais enquanto critério diagnóstico.

> Manter uma honestidade social comum e experienciar um adequado sentimento de culpa e responsabilidade moral nas relações com as outras pessoas defendem a capacidade de manter funções básicas do *superego*. Pelo contrário, uma

desonestidade geral nas relações humanas e a falta de preocupação e responsabilidade em todas as trocas humanas indicam a ausência ou deterioração das funções do *superego*. Naturalmente, a severidade da patologia do *superego* está refletida no grau de comportamento antissocial presente. Entretanto, é importante lembrar que a patologia do *superego* deve ser avaliada com base na relação interna da pessoa com seu ambiente social, e não segundo definições convencionais ou legais do que é antissocial. (p. 234)

Em relação ao *delinquente por um sentimento de culpa*, Kernberg faz um alerta que parece procedente. Ele chama a atenção para a diferenciação que deve ser feita entre o *comportamento antissocial que deriva de um sentimento de culpa inconsciente* que busca uma punição inconsciente e a *autodestrutividade e a punição autoprovocada enquanto consequências do comportamento antissocial* mas que não advêm de uma motivação inconsciente: "Na verdade a hipótese psicanalítica de um sentimento de culpa inconsciente pode ser considerada válida somente se a culpa se torna consciente após uma investigação psicanalítica. O que decididamente não ocorre na psicoterapia intensiva de longa duração da maioria dos pacientes que apresentam grave comportamento antissocial. Além disso, em nível puramente teórico, uma vez que existem outras evidências de extrema deterioração ou indisponibilidade de funções básicas de *superego* na maior parte dos pacientes com comportamento antissocial, o pressuposto de que eles atuam por sentimento de culpa inconsciente é extremamente questionável" (1995, p. 77-78).

Kernberg (1984) leva em consideração a predominância ou não do que chama de um *superego sádico*, que se expressaria por meio de uma agressividade não contida pela integração com *precursores idealizados do superego*[17]. Neste sentido, é como se "o paciente se identificasse com um poder primitivo, impiedoso, totalmente imoral, que somente consegue obter satisfação da expressão de uma agressão não mitigada, sem requerer qualquer racionalização para o seu comportamento e qualquer aderência a este ou àquele valor consistente, a não ser o exercício desse poder" (p. 239).

Reconhecemos esta caracterização nos psicopatas mais sádicos e agressivos, isto é, aqueles que, no contato, mostram-se totalmente frios e impermeáveis a qualquer influência. É uma experiência assustadora ficar frente a frente com alguém que não reconhece a menor validade do outro, destituindo-o das qualidades de humanidade. Kernberg nos dá um relato de um de seus casos que cai nesta categoria:

> Um paciente, uma personalidade antissocial com características predominantemente sádicas, entrou em tratamento psicoterapêutico pressionado pela família e para evitar ser preso em virtude de seu envolvimento em arrombamentos e roubos. Ele falava abertamente comigo durante as sessões a respeito de um roubo planejado. Deixou claro, por meio de ameaças sutis, mas inconfundíveis, que saberia como proteger-se caso eu resolvesse prejudicá-lo entregando-o à polícia. É difícil transmitir o

17 Kernberg baseia-se nos trabalhos de Edith Jacobson, que descreve três estágios na formação do *superego*. O primeiro é representado pela internalização de "imagens objetais fantasmáticas sadicamente proibitivas ou punitivas" (precursores sádicos do *superego*). O segundo é representado pelas "representações do *self* ideal e representações de objeto ideal" (precursores do ideal do *ego*). O terceiro estágio é precedido por uma redução e integração dos precursores de *superego* sádicos e dos precursores idealizados (da mesma forma que o *ego* integra as relações objetais boas e más), sendo representado pelos aspectos realistas, exigentes e proibitivos dos pais, que caracterizam os estágios posteriores da fase edípica e levam à consolidação do *superego*. Jacobson, E. *The self and the object world*. New York, International Universities Press, 1964.

senso de superioridade superpoderoso e a segurança que esse homem expressava. Seu sorriso relaxado sugeria que me depreciava totalmente, e havia momentos em que ele conseguia paralisar o meu pensamento, de modo que dificultava minha intervenção. Decidi interromper o tratamento depois de concluir que a combinação de problemas legais e questões terapêuticas estava além da minha capacidade. (p. 237)

Kernberg divide o psicopata em duas categorias: os *agressivos*, acima exemplificados, e os *"passivo-parasitas"*.

Como exemplo citamos o caso de um paciente, estudante brilhante, desde o primeiro grau até a universidade, que, além de bem-sucedido, era muito estimado por todos. Os furtos ocasionais que praticava eram em geral perdoados por seus pais, e a falta de senso de responsabilidade que apresentava foi atribuída ao fato de ter sido muito mimado e superprotegido pela mãe e pelos avós, que o admiravam. Concluiu o curso de pós-graduação, casou com uma mulher com quem manteve um relacionamento conjugal aparentemente normal por mais de quinze anos e foi um bom pai para seus filhos. Ao mesmo tempo, desviava verbas de seus sócios e dos negócios da família. Enquanto contraía dívidas excessivas, presenteava os amigos com presentes dispendiosos, bancando o Papai Noel o ano inteiro. Somente foi encaminhado à consulta pela família quando estava na iminência de ser preso por crime de sonegação de impostos. (1992, p. 80)

Um outro paciente com personalidade antissocial e uma história de roubos e exploração parasítica dos outros, mas sem qualquer evidência de violência manifesta, um homem que era geralmente descrito como pseudossubmisso e simulador, roubou algumas coisas do meu consultório. Embora, a princípio,

> eu não tivesse certeza de que ele era responsável pelos objetos desaparecidos, descobri-me observando-o nas sessões e examinando meu consultório depois que ele saía. Quando, finalmente, perguntei-lhe sobre um pequeno objeto que desaparecera da minha sala de espera depois de uma sessão com ele, "confessou" que o tirara e o devolveu. No entanto, não manifestou nenhuma evidência de culpa ou vergonha, e as sessões seguintes (até a interrupção do tratamento algumas semanas mais tarde) foram marcadas por um sentimento de inquietude - de minha parte - por estar involuntariamente empenhado num jogo de observação para proteger a minha propriedade. Quando tentei examinar as implicações psicológicas de tal interação, o paciente rejeitou, com deboche, minha perseverança em insistir num episódio que era 'uma questão do passado'. (1984, p. 238)

Na caracterização de Kernberg, então, temos um espectro que vai de um maior prejuízo do *superego* e das relações objetais até um grau atenuado de psicopatia, o que dá conta dos graus variáveis de manifestações psicopáticas. Esta forma de colocar as coisas estabelece uma melhor discriminação das diversas manifestações e não coloca tudo num "mesmo saco de gatos".

Psicopatia e perversão: uma relação de inclusão?

O contorno clínico da perversão, enquanto categoria diagnóstica, é menos específico do que o da neurose e o da psicose[18].

18 Ferraz (2000), no livro *Perversão* (nesta mesma coleção), faz um apanhado histórico e crítico do conceito de perversão na literatura psicanalítica.

Isto dá margem a uma inclusão de vários quadros clínicos sob esta mesma rubrica que, no entanto, possuem suas especificidades próprias.

Otto Fenichel (1945) localiza o psicopata dentro da categoria geral das *perversões* e *neuroses impulsivas*. Ele explica que, "contrariamente aos impulsos compulsivos (a propósito da neurose obsessiva), os impulsos em questão têm caráter 'instintivo'; sentem-se da mesma forma que as pessoas normais sentem impulsos instintivos normais (ou seja, egossintônico). Por causa desta diferença, os pervertidos e os neuróticos impulsivos não são absolutamente chamados, às vezes, neuróticos, mas psicopatas" (p. 303)[19].

Cumpre esclarecer, no entanto, que, à época de sua sistematização das neuroses, Fenichel considerava psicopatas aqueles cujos impulsos levavam à cleptomania e à adição a drogas. Já comentei sobre a cleptomania. Quanto à adição a drogas ou toxicomania, é aceito que haja tal manifestação na condição psicopática (Rolla, 1973; JosephS, 1992; Kernberg, 1995). Isto não quer dizer, no entanto, que, hoje em dia todo drogadito seja considerado um psicopata e vice-versa.

Kernberg dividiu as manifestações perversas, sob o ponto de vista psicoestrutural, em vários grupos. Discriminou, dentre eles, o distúrbio de personalidade antissocial (dentro do qual entende estar a condição psicopática na sua manifestação agressiva e na parasítica-expoliativa). Este autor reserva, no entanto, o termo *estrutura perversa* para os casos de *organização borderline* de personalidade.

A proposta diagnóstica de Kernberg busca uma integração entre os quadros clínicos psicanalíticos e a sistematização

19 Parênteses meus.

proposta pelo DSM. Já vimos que este autor privilegia o aspecto superegoico e a qualidade das relações objetais para discriminar um quadro do outro. Em sua proposta, sugere um cuidado na compreensão dos comportamentos antissociais, uma vez que vários quadros clínicos podem apresentar esta característica sem que seja o caso de distúrbio de personalidade antissocial. Este autor enfatiza a exploração da presença de comportamento antissocial, mas recomenda cautela em sua classificação diagnóstica (nem todo quadro clínico com presença de atos antissociais se enquadra em uma psicopatia).

Para Kernberg, o psicopata propriamente dito está na categoria de "transtorno antissocial da personalidade" (em sua variante agressiva como mais grave), enquanto diferenciada da personalidade narcisista (*borderline*), que apresenta características antissociais, e dos pacientes com formas *malignas de narcisismo,* com comportamento antissocial egossintônico. A característica primordial, que também define a gravidade maior do quadro, é a incapacidade de sentir culpa e remorso.

Renato Mezan (1998) faz uma análise muito interessante de um personagem literário de Alberto Morávia, claramente um psicopata, classificando-o na *estrutura perversa.* Trata-se de um oficial da SS nazista, Kurt, que, utilizando-se de seu poder, conduz um "experimento cultural" fazendo com que prisioneiros judeus *vivessem* a tragédia de "Édipo" (um prisioneiro é levado a ter relações sexuais com sua mãe e matar seu pai). As pessoas são usadas e sacrificadas sem a mínima consideração pela humanidade do outro e sem culpa. Outras características do personagem que se ressaltam são: o *egocentrismo* e a *grandiosidade* ao se colocar no lugar do Destino e controlar a vida das pessoas; o *exibicionismo* e a *atitude de superioridade* por transformar uma peça de teatro em teatro vivo encenando na frente de seu pelotão da ss; *inveja* e *ódio* excessivos que fazem com que ataque e destrua (real ou simbolicamente) as pessoas próximas: mãe, pai e irmã. Remeto o leitor ao trabalho original como um exemplo bastante ilustrativo de um alto grau patológico de psicopatia, tornado possível por meio de obra de ficção.

Neste sentido, em função do tipo de patologia e manifestação, há muitos exemplos ilustrativos de personagens literários dos quais os psicanalistas se serviram para ilustrar os mecanismos mais agressivos e suas análises psicodinâmicas. Recomendo em particular Symington (1980), que analisa o personagem Heathcliff do romance de Emily Brontë *O morro dos ventos uivantes*; Bergeret (1998), que faz uma análise de *Iago* de Shakespeare; e Debray (1981), com a análise do filho pródigo em *A volta do filho pródigo*, de André Gide.

Jean Bergeret, psicanalista francês, propõe uma sistematização dos quadros clínicos, enquadrando a psicopatia dentro das *anestruturas* e, dentro dela, como uma *patologia do caráter*. Este autor não reconhece a perversão (que ele chama de *ordenamento perverso*) enquanto uma estrutura "autêntica" que mereça figurar ao lado da neurose e da psicose.

Bergeret faz uma distinção entre os "perversos" (aquele que opera uma recusa do sexo da mulher por meio da clivagem do *ego*) e os "perversos" de caráter (o nosso psicopata), que seriam os "perversos" acometidos de *perversidade*. Para estes, o que seria característico é a recusa do direito dos outros de terem um narcisismo todo seu: "... para tais sujeitos, os outros não devem possuir interesses próprios e, menos ainda, investimentos em outras direções; todo objeto relacional pode servir apenas para assegurar e completar o narcisismo falho do 'perverso' de caráter. O objeto é mantido pelo sujeito em uma relação sadomasoquista muito estrita"

(p. 142). Retomando a acepção de *perversidade* (crueldade, fereza), este autor reinsere o aspecto do julgamento valorativo e moral[20]. Isto remete ao que assinalei na Introdução, de que a apreensão do quadro da psicopatia sempre foi mediatizada por uma apreciação moral do caráter transgressional da sua manifestação comportamental.

Um outro psicanalista francês, que praticamente inverte a lógica exposta acima, explica as diversas respostas defensivas enquanto estruturais do tipo de afecção (neurose, psicose, psicopatia e caracteropatia) partindo do mecanismo básico da perversão e da psicose: a *clivagem do ego* (ou divisão do *ego*)[21]. Christophe Dejours propõe a existência de uma *terceira tópica* constituída pela clivagem do *ego*, separando de um lado o sistema Pré-Consciente e o Inconsciente Secundário e do outro lado, o Consciente e o Inconsciente Primário. Dejours lembra que, segundo a tópica freudiana, tanto o Pré-Consciente quanto o Consciente são separados dos Sistemas Inconscientes Primário e Secundário pela barra da censura.

No caso do psicopata, a área coberta pelo Pré-Consciente/Consciente é pequena em comparação com a área Inconsciente (Primária e Secundária). Isto faz com que o aparelho psíquico tenha poucos recursos defensivos frente

20 Para uma discussão aprofundada da acepção moral contida no termo "perversão", remeto o leitor a Ferraz (2000), p. 31.

21 "Expressão usada por Freud para designar um fenômeno muito particular que ele vê operar sobretudo no fetichismo e nas psicoses: a coexistência, no seio do *ego*, de duas atitudes psíquicas para com a realidade exterior na medida em que esta vem contrariar uma exigência pulsional: uma tem em conta a realidade, a outra nega a realidade em causa e coloca em seu lugar um produto do desejo. Estas duas atitudes persistem lado a lado sem se influenciarem reciprocamente" (p. 101). Laplanche & Pontalis, *op. cit.* Ver também Ferraz, 2000.

à estimulação proveniente da realidade[22]. É preciso lembrar que o Pré-Consciente e o Consciente são entendidos aqui como tendo uma função de proteção do aparelho psíquico de um montante de energia excessiva.

A fraqueza do aparelho psíquico do psicopata vem exatamente da "pobreza" do recurso defensivo que possui para se proteger da realidade (no sentido da ameaça traumática resultante de um montante de excitação além da capacidade do aparelho psíquico de suportar). O não neurótico tem de assegurar uma estabilidade do aparelho psíquico com uma separação rígida entre o Consciente e o Inconsciente Primário (censura), não contando com o apoio do sistema Inconsciente Secundário e Pré-Consciente por ser esta área menor em função da posição da linha de clivagem do *ego*. Se o mecanismo da negação [*Verleugnung*] não dá conta do montante de excitação, a única via possível de evacuação seria a descarga no exterior. Não fazê-lo seria "explodir" o aparelho psíquico, que, em termos psicológicos, corresponderia a uma descompensação. O principal modo de descarga seria a *atuação violenta*[23] dirigida aos outros. A forma de manifestação desta atuação seria a "subtração à situação excitante, ou seja, a *fuga*", ou a "destruição da fonte externa da excitação pela violência física". Neste sentido, se o psicopata não consegue

22 "A realidade aqui não é o Real de Lacan e, nem é a realidade material físico-química, mas a realidade do encontro com o outro, com os outros. A realidade é, portanto, o conjunto do que pode ocasionar um encontro com o sujeito. Encontro que pode estimular o Inconsciente no sentido amplo, Inconsciente Primário e Secundário". (Dejours, 1988, p. 113).

23 Dejours faz a distinção entre atuação e *acting out*. Para ele, *atuação* representa uma manifestação da "violência compulsiva das descargas instintivas e das montagens comportamentais inatas". Ele reserva o termo *acting out* para as manifestações comportamentais que admitem uma "decifração de um significado". Para Dejours na psicopatia não existe um sistema conflitual, portanto a análise do discurso e a apreensão de significados em seu aspecto dinâmico estariam comprometidas.

fugir ou destruir a causa que lhe "perturba", ele enlouquece, descompensa. Neste ponto, Dejours chega à mesma conclusão que autores como Schmideberg (1935) e Joseph (1960), traçando uma íntima relação entre psicopatia e psicose.

Mas o que ocorreria se o indivíduo lutasse e reagisse contra a descarga violenta (atuação)? Dejours responde que isto poderia levar a um quadro clínico de *prostração, estupor ou catatonia*. Isto afetaria tanto o polo motor quanto a percepção (que é evitada), o que explicaria a inibição de pensamento (sensação de cabeça vazia, a dificuldade de aprender com a experiência, chegando até à inconsciência). Na ausência da atuação ou da inibição, a excitação conduz ao trauma, que se traduz por sinais somáticos da angústia (angústia automática ou atual). Esta explicação está de acordo com a observação clínica na qual vemos a predominância de queixas de ansiedades inespecíficas entre os psicopatas ("disforia" - vide DSM-V[24]). Em sua teorização, Dejours está muito atento às manifestações psicossomáticas, estabelecendo um diálogo com os expoentes da Escola de Psicossomática de Paris (Pierre Marty e outros).

Uma criança pode ser psicopata?

Não, se considerarmos o critério do DSM-V que deixa claro que o diagnóstico de *transtorno da personalidade antissocial* só pode ser aplicado ao indivíduo que tenha no mínimo dezoito

24 Indivíduos com transtorno de personalidade antissocial podem também apresentar disforia, queixas de tensão, incapacidade de tolerar a monotonia e humor deprimido (DSM-V, 2014, p. 661).

anos[25]. Antes desta idade, de acordo com certos comportamentos antissociais, a criança pode ser diagnosticada com *transtorno de conduta* (Apêndice). O estudo de casos do capítulo 4, seção 4.2., contempla exatamente um caso que se enquadra nesta categoria.

Até agora, falei de *comportamento associal* de crianças com ressalvas[26] (Schmideberg, 1935). Melanie Klein (1927) fazia uma clara distinção entre *tendências associais ou criminais*, referindo-se à criança, utilizando a palavra *criminoso* reservadamente a um diagnóstico fechado. Anna Freud tem o mesmo cuidado de separar um tipo de "desajustamento social baseado em distúrbios precoces do objeto de amor", referindo-se aos casos estudados por Aichhorn (1925), das manifestações derivadas dos "conflitos que pertencem ao campo normal das ligações afetivas da criança, especialmente das manifestações do Complexo de Édipo, dos quais são derivados e distorções" (1949, p. 78). Anna Freud reserva o uso do termo *dissocial* quando os modos infantis de funcionamento mental (rebeldia em aceitar restrições, renunciar ou postergar a satisfação, super ou subestimação de suas capacidades) perduram após a idade normal.

O cuidado no uso do termo *psicopata* para crianças e adolescentes se justifica, tendo em vista a labilidade de tal diagnóstico e o efeito estigmatizante que pode ter sobre o indivíduo. Isto é ainda mais forte em situações de confinamento

25 Cf. DSM-V, 2014, p. 662.

26 "Eu não penso que seja justificável aplicar o termo 'associal' a todas as crianças que, em um momento ou outro, manifestaram uma conduta associal. Uma criança que em algum estágio do desenvolvimento não roube, não minta ou não cabule as aulas dificilmente existe. A extensão e a natureza do comportamento associal, mas acima de tudo a reação do paciente a ele, e a totalidade de sua atitude interna (sua falta de capacidade para amar etc.) são os fatores importantes para o diagnóstico e o prognóstico". *op. cit.*, p. 47

a longo prazo em instituições totais (Febem, Manicômio Judiciário, prisões). O próprio fato de o indivíduo estar em algum destes lugares já leva à pressuposição de um quadro comprometido. A propósito disto, uma fato que presenciei ilustra bem o que digo. Um psiquiatra recém-chegado ao Manicômio Judiciário fez suas primeiras entrevistas clínicas com os pacientes nos pavilhões. Ao término, voltou à sala da Psicologia fazendo comentários sobre um paciente em particular. Impressionou-lhe o nível de articulação de seu discurso, nada desconexo ou obnubilado; porém, "enquistado" nele, revelava a "crença" de que era filho de um juiz de direito. Relatava seu sofrimento pela situação de institucionalização como maior em função das oportunidades que tivera e que não aproveitara. O psiquiatra novato ficara impressionado com a coerência do "delírio". Ocorre que o tal paciente *era de fato filho de um juiz e sua história, verídica!*

Já comentei como, no campo da psiquiatria, o diagnóstico de *psicopatia* é bastante amplo. Se tal diagnóstico era controvertido no meio psiquiátrico, tendo em vista o paciente adulto, a confusão quando tal diagnóstico era atribuído à criança tornava-se ainda maior. Não nos esqueçamos de que o termo *psicopatia* – e suas variantes – foi tomado de empréstimo do campo da psiquiatria por vários psicanalistas, reproduzindo, no meio psicanalítico, a mesma difusão de sentidos quanto ao que se queria dizer com tal termo. Karpman (1950, 1951), psiquiatra e psicoterapeuta do St. Elizabeth's Hospital (Washington, D.C.), recomenda muito cuidado na aplicação de tal diagnóstico dada a grande amplitude da mesma e dúvidas generalizadas quanto a esta condição. O que ocorria com frequência na prática de então (pelo menos no cenário americano ao qual o autor se refere) era a generalização do diagnóstico de psicopatia do âmbito do paciente adulto para a criança e o adolescente, tendo em vista um padrão de comportamento agressivo e transgressivo que não se alterava após tentativas terapêuticas. Karpman criticava justamente a atribuição do diagnóstico aos casos em que o psiquiatra falhava em "curá-lo". Parecia que o diagnóstico estava mais na dependência do sucesso ou insucesso do profissional do que no comportamento e atitude do paciente.

Dentre os psicanalistas que estudaram o desenvolvimento infantil, destaco René Spitz, famoso por seu trabalho sobre o "hospitalismo", a respeito dos possíveis precursores infantis da psicopatia. Apoiando-se nos trabalhos de L. Bender[27] e John Bowlby[28], Spitz realizou uma pesquisa com 366 crianças, buscando correlacionar seis "setores da personalidade"[29] com circunstâncias ambientais durante o primeiro ano de vida.

Spitz chegou ao que considerou um "perfil patognômico" com um retardamento do desenvolvimento dos itens "relações sociais" e "habilidade manipulativa". Este perfil foi descoberto quase por acaso em uma outra pesquisa que procurava investigar a hiperatividade motora. A associação da hiperatividade do Transtorno de déficit de atenção/hiperatividade (TDAH) com o Transtorno de Oposição Desafiante (313.81) são comuns em indivíduos com transtorno da conduta. Segundo o DSM-V "essa apresentação comórbida é preditora de evoluções piores"[30].

27 Bender, L. "Agression in childhood". In: *Am. J. Orthopsychiatry*, v. 13, p. 382, 1943.

28 Bowlby, J. *Forty-four juvenile thieves: Their characters in home-life*. London, Bailliere, Tindall & Cox, 1946.

29 Os setores são: 1) Domínio perceptual, 2) Domínio corporal, 3) Relações sociais, 4) Domínio da memória e imitação, 5) Habilidade manipulativa e 6) Inteligência.

30 DSM-V, 2014, p. 476.

Spitz correlacionou as falhas nestes setores (relações sociais e habilidade manipulativa) a problemas no relacionamento mãe-bebê, enfatizando a formação das primeiras relações de objeto com a passagem do objeto anaclítico ao objeto diferenciado a partir da angústia do oitavo mês. Bowlby já havia apontado a conexão da delinquência com a separação da figura materna. Spitz, por sua vez, reconhece o fator etiológico da separação da criança de sua mãe, bem como o fato de que tal configuração pode existir em lares desfeitos ou em longas separações da mãe. O seu trabalho contribuiu para especificar um pouco melhor o que estaria atuando nestas situações.

Spitz enfatiza que certos "fatores emocionais específicos" se fazem presentes na etiologia da psicopatia: "Os fatores emocionais estão relacionados com certas personalidades maternas específicas. Uma tal personalidade materna é a que torna a identificação impossível por seus afetos contraditórios e inconsistentes que mudam muito rapidamente. Se esta é a personalidade da mãe da criança, a criança desenvolverá a psicopatia mesmo que o lar não seja desfeito e nem existam longas separações maternas. Isto pode ser uma explicação para a presença de psicopatas em famílias bem situadas economicamente. Uma outra possibilidade é que o ambiente da criança consista de uma série de figuras substitutas da mãe que se alternam rapidamente, e cujas personalidades variadas e contrastantes sejam para a criança algo imprevisível" (p. 247). Essas indicações convergem com as de Reich (1925) e Greenacre (1945, *apud* Butcher, 1975). Um exemplo clínico da situação acima é descrito por Christopher Bollas (ver seção 4.4.).

As especulações de Spitz quanto ao motivo do retardo, tanto da área das relações sociais como da habilidade motora, baseiam-se em um raciocínio analógico: em primeiro lugar, o psicopata possui uma "anomalia" pela sua incapacidade de formar relações sociais, apresentando também pouca motivação e disciplina para tarefas que demandam esforço contínuo; em segundo lugar, o efeito da personalidade materna em seus aspectos imprevisíveis e contraditórios faz com que o estabelecimento de relações objetais confiáveis seja impossível no primeiro ano de vida. A energia que normalmente seria usada para o estabelecimento de relações objetais permaneceria retardada em um *estágio narcísico*, sendo direcionada para um objeto narcísico. Assim sendo, o investimento libidinal objetal e seu desenvolvimento ficariam prejudicados.

A psicopatia seria um quadro eminentemente masculino?

Sim. O DSM-V traz o dado de que o "Transtorno da Personalidade Antissocial" é mais comum em homens. O DSM-V refere preocupações acerca da possibilidade deste quadro ser subdiagnosticado em mulheres, especialmente pela ênfase em itens de agressividade na definição do transtorno de conduta.[31]

Em minha própria experiência clínica e nos casos relatados na literatura, a grande maioria de exemplos de psicopatia é de homens. O mesmo ocorre quando se pensam nos casos de crianças e adolescentes. Mas haveria alguma especificidade na manifestação da psicopatia em mulheres?

31 Cf. DSM-V, 2014, p. 662.

Dentre os autores que trabalharam com delinquentes e que se preocuparam com a questão do gênero está Kurt Eissler (1950). É preciso fazer aquela ressalva de que a categoria delinquente é bastante ampla, não se falando especificamente do que procurei caracterizar aqui pela designação de psicopatia[32].

Eissler apresenta um extrato clínico de um atendimento de uma moça de dezessete anos, cujo comportamento de promiscuidade e abuso de bebida alcoólica levou a família a procurar ajuda. Desde o início, a paciente não se mostrou colaborativa, desafiando o profissional a resistir a tentativas explícitas de sedução. A paciente provocava várias situações difíceis de serem lidadas a fim de testá-lo; tal como ligar de um bar, bêbada, forçando-o a ir pessoalmente ao local para conduzi-la de volta à casa.

Malgrado todas as dificuldades para uma terapia, a começar pela falta de motivação, dificuldade em fazer associações livres e tédio (características pertinentes ao psicopata), Eissler recomenda que não se analise *a transferência erótica* (como seria de se esperar na técnica analítica clássica). Segundo ele, isto só levaria a uma ruptura do tratamento. Algum tipo de atendimento só seria continuado pela paciente *se ela achasse que o terapeuta tem algum interesse sexual por ela.*

Eissler chega a esta ideia partindo da observação de que pacientes delinquentes só aceitam a "parte concreta da realidade enquanto válida e valiosa". Seja por conta da *pouca capacidade de sublimação*, seja pela repetição de uma atitude

32 Este autor não considera a psicopatia enquanto uma entidade clínica independente (1950, p. 113).

oral (amor equacionado com quantidade de comida), os delinquentes homens só valorizam o dinheiro, e as delinquentes mulheres, o sexo:

> É com certeza uma rara exceção encontrar um delinquente homem que não funcione com a convicção de que somente o recebimento de dinheiro é uma prova definitiva de que ele é amado. Qualquer tipo de manifestação positiva, a expressão de afeto e amizade por palavras e ações são destituídas de sentido a não ser que a pessoa prove a sinceridade de seus sentimentos colocando a mão em seus bolsos e dando-lhe dinheiro. A situação análoga no tratamento de delinquentes mulheres diz respeito à convicção delas, tanto quanto eu pude observar, de que somente um homem que as ame sexualmente tem sentimentos positivos em relação a elas. O simples fato de que o homem não demonstra nenhum desejo em se relacionar sexualmente com elas provoca-lhes o sentimento de serem rejeitadas ou até odiadas. A amizade baseada em uma afeição não sexualizada é desconhecida para elas, não podendo ser aceita como uma ligação confiável entre elas e os outros. Muito embora elas tenham repetidamente tido a experiência de que seus relacionamentos sexuais terminam em desastre, elas funcionarão sob este mesmo princípio a cada vez. Isto ocorre uma vez que em suas vidas a relação sexual é simultaneamente uma consequência direta e um pré-requisito para manter uma relação positiva; a promiscuidade é uma consequência necessária da manutenção de uma atitude positiva. (p. 114)

O nível de generalização que o autor realiza parece-me inadequado, mas o uso do sexo pela mulher psicopata no trato com o mundo é algo que se correlaciona com outras indicações. Na minha própria experiência como psicólogo na

Colônia Feminina do Manicômio Judiciário, tive a oportunidade de sentir como a questão sexual era algo muito presente. A confrontação direta com uma paciente - que, de forma desafiadora, ameaçava seduzir em situação de atendimento - acima exemplificada por Eissler também fez parte de minha experiência com uma paciente que por lá passou. Na ocasião, pareceu-me fazer sentido pensar que oferecer seu corpo era mais uma forma de defesa (uma das poucas à disposição) para "fugir" da situação ansiógena de avaliação (que poderia determinar o rumo de sua internação). Por outro lado, sempre me chamou muito a atenção como algumas das mulheres internas sentiam a necessidade de "selar" uma amizade entre elas (o que era importante na situação de confinamento a longo prazo) por meio da constituição de um "par sexualizado": um casal homossexual, no qual uma assumia uma posição dominante, associada ao masculino, e a outra o papel de "mulher", passiva e romântica. O vazio do cotidiano na instituição era preenchido pelas vivências altamente carregadas de sentimentos apaixonados, trocas de juras de amor, demonstração de carinho e fidelidade, mas também ciúmes, traição e brigas. O momento de chegada de novas pacientes era sempre motivo para desequilibrar os casais existentes: "Carne nova no pedaço!" (como ouvi uma delas dizendo). O mais intrigante é que a mesma paciente viril e dominadora poderia estar ocupando o papel feminino (passivo-romântica) "casando-se" com outra paciente (no caso, outra que fizesse as vezes de *outro*) em um momento posterior.

Um psicanalista argentino que traz um caso clínico de uma mulher com *organização psicopática de personalidade* é Edgardo Rolla (1973). Trata-se de uma mulher jovem de "beleza chamativa e certa preparação universitária" que se envolve com muitos homens mas cujos relacionamentos não duravam mais de três meses. Casou-se com um homem rico que poderia lhe proporcionar tudo o que quisesse. Logo no início da vida em comum, solicitou-lhe um favor: ficar com um cheque pré-datado que o pai recebera de uma firma comercial e adiantar o dinheiro a ele em função de sua necessidade. O cheque tinha um aspecto duvidoso e, por conta disto, seu marido lhe adiantaria o dinheiro mas sugerindo que levasse o cheque de volta ao pai. Quando ele pudesse fazer uso do cheque, que então lhe devolvesse o empréstimo. A moça se mostrou ofendida exigindo que seu marido ficasse com o cheque. Incrivelmente este é o ponto de partida para o abandono da casa pela mulher.

Passados alguns dias, ela volta mostrando-se carinhosa e condescendente; não se tocou mais na questão do cheque. Daí por diante o relacionamento sexual do casal, antes satisfatório, começou a mostrar sinais de dificuldades. Neste período, durante uma discussão do casal e diante das queixas do marido, ela demonstrou novo interesse em sair de casa porque "não podia ser sempre ela a acusada de atitudes perturbadoras para a felicidade do casal". E assim o fez. Seu marido, ainda triste, voltando para casa alguns dias depois, descobre que ela tinha retirado tudo o que foi possível do lar conjugal, inclusive documentos pessoais. Ela havia estado no prédio, queixando-se dele e disposta a "não viver mais com um homem daqueles". A polícia foi chamada a fim de forçá-la a lhe devolver seus documentos e uma série de objetos que não lhe pertenciam. Inacreditavelmente, passado também este episódio, os dois se reconciliaram. Encurtando a história: ela volta a aprontar e o marido finalmente desiste de dar outra chance.

Rolla nos dá dados de sua história e conjuntura familiar. É a filha mais velha, tendo mais um irmão. A mãe tem características dominadoras, valorizando o *status* e tentando aparentar uma condição econômica que não tinham. O pai aparece como figura desvalorizada com características psicopáticas: comete fraudes no negócio, tem o vício da bebida e do jogo. O sexo era considerado pela mãe como um instrumento para consolidar posições. Rolla sugere que a característica promíscua[33] da jovem, que aponta para a "prostituição", teria como fundamento tanto uma motivação interna (gratificação das conformações de relações objetais) como uma função para fora do grupo familiar de *impostura* (fazer amor para ganhar dinheiro) e sentido de *roubo e fraude* (fantasia de roubar a potência genital dos homens, traduzida pela ideia de roubar o pênis para levá-lo à mãe).

As características da sexualidade perturbada desta mulher se manifestavam de uma forma que, por algum tempo, aumentou a gratificação sexual do casal. A dificuldade de "afetivização do vínculo" ficou escamoteada pelo período de uma genitalização do relacionamento, com a possibilidade de experimentar satisfação orgástica. O sentimento de amor, que era extremamente intenso no parceiro sexual, tanto quanto inexistente nela, era possível por meio de uma dissociação do afeto e a colocação deste no outro por meio de poderosos mecanismos de identificação projetiva: "Esta identificação projetiva subliminar se produz mediante manobras que aparentam ser altamente carinhosas e provocam no parceiro ereções por períodos insolitamente longos. O homem do exemplo clínico manifestava seu assombro pela capacidade, que nunca havia

33 Rolla está entendendo que há uma perturbação da identidade sexual psicológica: "Isto produz por outra parte a manutenção de modalidades infantis para obter o alívio da tensão sexual, a obtenção de gratificações que significam um símile da gratificação sexual. Freud denominou a isto sistema de gratificação anaclítico" (p. 34).

tido, de manter relações sexuais por lapsos de tempo de até mais de uma hora de duração; além de uma recuperação da capacidade erétil que surgia com uma frequência insólita logo depois de ter realizado o coito. Desta forma haviam chegado a manter o que o homem chamava 'maratonas sexuais', passando alguns fins de semanas dedicados exclusivamente a manter relações sexuais" (p. 45). No entanto, havia uma permanente expressão de insatisfação, com a exigência sutil e sedutora de novas gratificações genitais; a voracidade se manifestava também por meio destas demandas.

O aspecto sexual extraordinário, aliado a um perfil específico de homem, seria a explicação do motivo pelo qual existem candidatos a preencher a vaga de marido enganado: "Sem dúvida, o homem se prestava, igual ao pai e à mãe, para o fomento da impostura; teríamos de dizer que o parceiro 'fácil' para um indivíduo de características psicopáticas é um sujeito que tem uma alta idealização dos valores da vida, por exemplo, a ajuda, o amor, a justiça, o respeito pelo sexo feminino e a beleza etc., o que em termos psicanalíticos significa que existe profundamente no sujeito uma compulsão a reparar objetos destruídos, compulsão que por outra parte é de alguma maneira ligada a fantasias reivindicatórias em relação às próprias dificuldades infantis, superadas com grande esforço" (p. 38).

Algo ao qual Rolla não se remete é o enquadre de tal atendimento. Ela o procurou de livre e espontânea vontade? Ele teve contato com tal marido para daí poder pensar neste perfil do "parceiro fácil"? E como tais características psicopáticas teriam se manifestado na relação com o analista? Todas estas questões nos remetem à análise possível de tais casos.

3
Questões clínicas do atendimento

Como vimos, o tratamento de pacientes psicopatas confunde-se com o trabalho com delinquentes. De qualquer forma, a questão jurídica faz-se presente na maior parte dos casos: é a instituição judiciária que envia casos para tratamento compulsório ou solicita perícias; os trabalhos são realizados em instituições militares (Bromberg, 1948), instituições prisionais (Alexander & Healy, 1935) ou instituições correcionais (Aichhorn, 1925).

Procurarei, neste capítulo, circunscrever as principais dificuldades apontadas pelos diversos autores, tendo em vista a existência ou não de uma ligação jurídica com o caso e o modo como isto contribui, afeta, dificulta ou impossibilita o trabalho analítico ou o enfoque psicanalítico, se não se tratar de uma psicanálise estrito senso.

Discriminarei algumas indicações e diretrizes sugeridas, procurando um posicionamento crítico frente a elas. Em seguida, apontarei a utilização do instrumental analítico e a forma como ele permite uma apreensão dos fenômenos ligados à psicopatia.

Principais dificuldades

Dentre as dificuldades, a maior e mais impeditiva de qualquer trabalho é a questão da *egossintonia do comportamento psicopático*. Este ponto é unânime em todos os autores. O psicopata não sofre com seus atos: a dimensão conflitiva é escamoteada, muito embora os autores divirjam quanto ao destino da culpa e de sua equação psíquica (vide item sobre o *superego*).

Advertências explícitas são feitas por vários psicanalistas quanto ao caráter dissimulado, pseudocooperativo e zombeteiro do paciente psicopata se este chega a uma sessão com o psicanalista (Kernberg, 1995; Deutsch, 1955; Bromberg, 1948). O desejo de mudança geralmente vem incorporado em algum familiar que sofre com as consequências dos atos psicopáticos. A tendência é que tal desejo também fique depositado na própria figura do analista. É comum acontecer com tais pacientes que não consigamos nos "desligar" deles ao final da sessão. Uma preocupação constante com a iminência de atos transgressivos pode ocupar a cabeça do analista, de forma que este fique depositário de uma incerteza que o psicopata não pode conter (Liberman, 1966b). David Liberman ressalta que tais pacientes – ou alguém de sua família –, quando percebem que nos esquecemos deles, solicitam uma sessão "extra" urgentemente. Uma vez concedida, pode ser que faltem, deixando o analista conjecturando sobre o que está acontecendo.

A *dificuldade em realizar associações livres* também é citada como algo bastante marcante. Isto se correlaciona com a dificuldade para o pensamento abstrato, que é uma forma de suportar uma tensão e sublimar um impulso. "O psicopata pensa em atos", diz Liberman (1966). David Liberman, psicanalista argentino, procurou investigar as formas de comunicação nos diversos quadros clínicos. Segundo ele, há um subdesenvolvimento dos processos comunicacionais no psicopata, passando quase sem transição da percepção à ação. A linguagem verbal não é uma forma de transmitir informações, mas utilizada como técnica de ação sobre os outros. Em psiquiatria, já foi sugerido o termo *delírio em ato* para as manifestações violentas e sem sentido do psicopata (Debray, 1981). A necessidade de escoar a tensão por meio da ação é chamada de *impulsividade* por alguns (Reich, 1925). A terminologia "neurose impulsiva" (Fenichel, 1945) chegou a ser proposta como forma de designação. Esta característica torna difícil a manutenção da estabilidade necessária ao enquadre para a tarefa analítica. As várias formas de "explosão" do psicopata são o negativo do pensamento. Um paciente institucionalizado, que eu atendia regularmente, propunha jogarmos xadrez enquanto conversávamos. Frente a um momento particularmente tenso de sua estada na instituição, propôs que, naquela semana, em vez de jogarmos xadrez, "resolvêssemos no braço" entre nós. Isto pôs fim à possibilidade de entender o que estávamos resolvendo, fosse pela conversa, fosse pelo jogo.

Um maior nível de agitação pode ser contido com um maior nível de controle. Esta é a diretriz de alguns autores que apontam a possibilidade do trabalho analítico se desenvolver com tais pacientes em *instituições fechadas*, onde o paciente esteja até mesmo sob controle físico. Bromberg (1948) chega a sugerir que a autoridade do profissional esteja somada à autoridade hierárquica dentro da instituição, a fim de que os limites sejam personificados em uma só e mesma pessoa. De certa forma, Aichhorn (*apud* Schmideberg, 1935) utilizava-se deste mesmo princípio. Ele partia da ideia de que, se o profissional puder retaliar um "ataque" do adolescente com distúrbio de comportamento e não o fizer, poderá restituir a crença em um objeto bom a fim de possibilitar identificação e internalização (do *superego*). Como relatado por Friedlander, 1935, diante da destruição de móveis de um quarto, nada se fez enquanto punição, procurando mudá-los para um recinto intacto. Alguém, por acaso, consegue imaginar tal diretriz sendo seguida numa Febem?

O extremo da manifestação impulsiva, sem culpa e sem reflexão, leva ao problema insolúvel de como 'dar liberdade à associação' ao mesmo tempo que se prende e se restringe o corpo[1].

Análise em dois tempos?

Uma forma de resolver tal dilema foi segmentar o tratamento em duas fases: uma preparatória (no nível do controle) e outra em que a análise propriamente dita aconteceria. Aichhorn fazia exatamente isto. Primeiro continha fisicamente seus pacientes. Depois entrava num jogo de conquistar o outro pela esperteza, mostrar que conseguia se antecipar e prever "as jogadas", enfim colocando-se como alguém mais esperto que o psicopata. Parece-me uma estratégia de "ser mais psicopata do que o psicopata", transformar-se em "chefe" para conseguir a adesão de seguidores. Posteriormente, então,

1 Edmund Bergler, que foi diretor da clínica psicanalítica de Viena, conta que em certo período da clínica receberam cinco indivíduos perversos (exibicionistas) cujas penas foram comutadas em troca de um período de seis meses de tratamento psicanalítico determinado pelo juiz. O que mais tempo persistiu ficou em análise até conseguir o documento comprobatório de tratamento; dois outros desistiram depois das entrevistas iniciais e dois nem voltaram depois do primeiro contato (1945-46, p. 91).

inicia-se o trabalho de análise possibilitado pela identificação narcísica, a fim de engajar e transformar em uma relação transferencial objetal. A longo prazo, o que se buscava era a transformação do vínculo narcisista em uma verdadeira relação transferencial objetal que levaria, eventualmente ao desenvolvimento do *superego*[2].

Kurt Eissler (1950) desenvolve uma técnica seguindo os passos de Aichhorn. Para tal busca, num primeiro momento, "ganhar" o paciente, fazendo com que este o sinta como *onipotente* e, mais do que isso, que o paciente se assegure de que o profissional usará esta onipotência a seu favor. Desenvolvendo a ideia de vincular o psicopata, Eissler aponta *o tédio* como o principal fator desmobilizador da terapia, contra o qual, então, mobilizará sugestões que peguem o paciente de surpresa e mantenham o seu interesse. Em um exemplo que relata - de um jogador compulsivo -, contando com a expectativa do paciente de que sugeriria uma restrição total de dinheiro aos familiares, surpreendeu-o quando estipulou junto ao pai uma "quantia fixa semanal" para a manutenção do sintoma ao longo do tratamento. Em seu modo de entender, o que pode tocar o psicopata deve ter um sentido concreto de vantagem - dinheiro, neste caso.

Eissler admite que somente a passagem do paciente para a fase analítica e sua consecução poderia ser entendida como um tratamento bem-sucedido. Confessa ele que é

2 Johnson e Szurek (1952) dão um exemplo de atendimento de Aichhorn no caso de um menino "muito narcisista". Aichhorn estava com dificuldade de estabelecer uma relação positiva. O menino constantemente se queixava da instituição. Aichhorn, então, fez sugestões sutis de como o mundo exterior era atraente. Após uma hora de conversa, o menino fugiu. Alguns dias depois ele voltou, como Aichhorn havia previsto. Em seu retorno, o garoto reconheceu que não achou o mundo tão convidativo como pensara *a priori*; desde então entrou em uma relação positiva com Aichhorn.

muito comum a transição não ser aceita pelo paciente, uma vez acostumado a gratificações por parte do analista. Isto tornava necessário um encaminhamento do caso para outro profissional, que teria, finalmente então, condições de estabelecer o enquadre analítico.

Helene Deutsch (1945) não propunha nenhuma mudança específica em relação à técnica ou ao enquadre analítico, mas seu trabalho com Jimmy (relatado nos casos clínicos) também foi feito em dois tempos. O paciente abandona o tratamento em um primeiro momento, voltando após um longo intervalo frente a uma crise e à lembrança de uma forte impressão que a analista causara. Podemos dizer que Jimmy se convenceu da veracidade das palavras de Deutsch quando confrontado com a vida.

Em outro sentido, o próprio caso de N., relatado por Abraham, somente foi possível de ser escrito porque houve uma contingência externa ao contato profissional-paciente (ser convocado novamente por outro Tribunal). Ou seja, N. só virou um "caso" nos anais psicanalíticos (embora não se trate de uma análise) em virtude de um segundo momento, com um olhar também diferente por parte do analista.

A busca de uma "chave"

Donald Woods Winnicott, psicanalista inglês que foi o maior expoente do Grupo dos Independentes, tem uma obra consistente no trato de pacientes com *tendências antissociais*. Como diz ele, "a tendência antissocial não é um diagnóstico. Não se compara diretamente com outros termos diagnósticos, como neurose ou psicose. A tendência antissocial pode ser encontrada num indivíduo normal ou num indivíduo neurótico ou psicótico". Winnicott é bem sincero em admitir que houve um tempo em sua prática psiquiátrica em que se esquivava de receber pacientes com práticas antissociais, porque acreditava não haver o que pudesse oferecer. Cumpria uma rotina de informações para instituições jurídicas, mas descrente de uma possibilidade de mudança. A sua descoberta de uma "chave" para o entendimento dos atos transgressivos deu origem à sua teoria, que buscou divulgar e defender amplamente.

A teoria dos atos antissociais invertia, de certa forma, o entendimento do comportamento transgressivo. O ato transgressivo, principalmente em sua vertente agressiva, sempre foi visto como um "sintoma" ou atuação que perturbava ou mesmo impossibilitava a possibilidade de uma análise. Winnicott partia de uma posição que não concordava com a pulsão de morte e sua decorrência quanto à agressividade (no pensamento kleiniano, a agressividade seria natural ao homem, representando a deflexão para o exterior da pulsão de morte como estratégia de sobrevivência, parte dela sendo erotizada e integrada na instância *superegoica*). Para Winnicott, a agressividade que levava à destruição do objeto não conduzia à sequência de culpa e reparação (M. Klein). A agressividade é igualada à "motilidade". Sua concepção da destrutividade realçava o seu aspecto criador, pelo qual, a partir da possibilidade de destruir, descobrir-se-ia a *potencialidade do criar*, essencial para o desenvolvimento da criança.

Sua concepção enfatizava a relação do bebê com a mãe, sendo célebre o conceito de objeto transicional, quando a mãe exerce uma função importantíssima de permitir uma ilusão à criança e prepará-la para a realidade no limite de sua capacidade de frustração. Assim procedendo, a "mãe suficientemente boa" se oferece como objeto ao bebê, que dela faz uso para sobreviver e desenvolver sua percepção de si, diferente do outro e do mundo de forma mais ampla. Abadi (1997) coloca isto de forma clara: "Este primeiro objeto será a mãe, caracterizada primeiro em forma narcisista, destruída, depois na fantasia inconsciente e sobrevivendo à onipotência infantil, que oferecerá a oportunidade de perda e reencontro com o mundo através da ruptura da continuidade narcisista e a recuperação do objeto externo por intermédio do vínculo afetivo" (p. 58).

Nesta concepção, o ato antissocial seria uma forma de se recuperar, no social, algo que o bebê teve e perdeu. Portanto, transgredir é um sinal de vida, de esperança, de tentativa de suprimento de uma falta. Sua manifestação poderia se dar em duas direções básicas: pelo roubo – por meio do qual se busca algo que se perdeu – ou pela destrutividade, pela qual se busca uma estabilidade ambiental que suporte a tensão resultante do comportamento impulsivo (1956). Winnicott aproximará a primeira manifestação como relacionada ao âmbito materno e a segunda, ao paterno (1971).

De fato, o padrão é o seguinte:

a. as coisas corriam bastante bem para a criança;

b. alguma coisa perturbou essa situação;

c. a criança foi exigida além de sua capacidade (as defesas desmoronaram);

d. a criança reorganizou-se com base em um novo modelo de defesa do *ego*, inferior em qualidade;

e. a criança começa a ter esperanças de novo e organiza atos antissociais na esperança de compelir a sociedade a retroceder com ela para a posição em que as coisas deram errado e a reconhecer este fato;

f. se isso for feito (seja por um período de complacência ou diretamente numa entrevista psiquiátrica), então a criança pode retornar ao período que antecedeu o momento de privação[3] e redescobrir o objeto bom e o bom ambiente humano controlador que, por existir originalmente, tornou-se capaz de experienciar impulsos, inclusive os destrutivos". (1966, p. 115)

Coerente com sua teoria, Winnicott acreditava que o tratamento de crianças e adolescentes que apresentam tendência antissocial poderia ser de duas maneiras: "É o provimento de cuidados à criança, que podem ser redescobertos pela própria criança e nos quais ela pode experimentar de novo os impulsos do id, com possibilidade de testá-los. É a estabilidade do novo suprimento ambiental que dá a terapêutica; ou então, a psicoterapia individual – com a ressalva de que esta sem aquela não tem grandes chances de prosperar" (1966).

Winnicott colocava sua teoria e sua prática em constante movimento, tratando de crianças dentro das limitações institucionais e pessoais da própria criança e da família em questão. Sua prova contundente é que, após a intervenção, a

3 Outeiral (1997) chama a atenção para a existência de duas acepções para a palavra *privação* presentes na obra winnicottiana: 1. *deprivation*: perda do "bom objeto" e a perda do marco confiável dentro do qual a vida instintiva e espontânea da criança se sente segura (estado no qual se teve algo bom que foi perdido) e 2. *privation*: um estado no qual jamais se teve algo e que resulta em doença mental ou no domínio de uma psicose.

criança parava de furtar, mentir, etc. Foi assim que ele acompanhou muitos casos ao longo de anos, tendo a possibilidade de renovar contatos e reencaminhar o processo curativo.

Seu relato do caso de Ada[4] é um exemplo belíssimo da genialidade de sua prática. Em apenas uma entrevista e na presença de observadores, Winnicott acompanhou, por meio de desenhos e do discurso da menina de oito anos, todo um percurso que dava conta da origem do ato antissocial (furto), sua elaboração e melhora do comportamento. A menina saiu da entrevista curada!

Dentre seus livros, destaco *Privação e delinquência* (1987) como aquele que reúne seus principais textos sobre o caráter antissocial. As descrições de casos estão em *Consultas terapêuticas em psiquiatria infantil* (1984), do qual foi retirado o caso mencionado acima. O segundo complementa o primeiro com os relatos das sessões, explicação das intervenções, reprodução dos desenhos e resumo de *follow-ups*.

Apesar de ser uma iniciativa amplamente popular, principalmente nos últimos anos no Brasil, há poucos trabalhos efetivamente sendo realizados com crianças e adolescentes com práticas antissociais por psicanalistas, pelo menos que seja de meu conhecimento. Destacam-se no cenário nacional iniciativas tais como a de David Léo Levisky, que organizou o primeiro e o segundo encontros "Adolescência e Violência: Consequências da Realidade Brasileira". O mérito destes encontros, cujas apresentações foram publicadas, foi o de congregar vários profissionais, e não exclusivamente psicanalistas, para discutir um tema candente na sociedade brasileira.

4 Winnicott, D. W. (1971). *Consultas terapêuticas em psiquiatria infantil*. p. 233-252.

A ilustração da teoria winnicottiana no tratamento de um jovem adulto (22 anos) com características psicopáticas é feita de maneira muito poética e feliz por Melanie Schvartz Copit, psicanalista paulista e professora da USP. No relato do caso, a autora passa o impacto transferencial da revivescência do momento da privação e do sofrimento concomitante fazendo, na sessão, surgir uma ruptura ("rombo") com toda a carga emocional de raiva, explosão, confusão e decepção *de ambas as partes*. Somente assim o processo analítico seguiu seu curso em direção à "cura da defusão entre o amor e a destrutividade ocasionada pela ruptura do lar" (1997, p. 77).

A abordagem familiar

Nathan Ackerman (1961) já alertava sobre uma dinâmica familiar comprometida que poderia ser denunciada pela atuação psicopática de um de seus membros. Para ele, a psicopatia era uma condição menos de um quadro clínico do que de "uma distorção correspondente às normas da família ou comunidade".

Em minha experiência clínica, encontrei famílias que pareciam divididas entre os "mocinhos" e os "bandidos". Havia os filhos "certinhos", responsáveis e os filhos malandros e marginais dentro da mesma família. Percebi uma clara cisão dos aspectos positivos e negativos, por meio da qual alguns eram escolhidos para serem os depositários exclusivos de cada lado. Trabalhar apenas o indivíduo apontado como o "problemático" ou o "marginal" acaba sendo algo totalmente improdutivo.

Sally Box e colaboradores (1981), trabalhando com famílias de todos os tipos na clínica de Tavistock, oferecem ferramentas técnicas que penso poderem ajudar no trato com famílias cujos membros apresentem comportamentos antissociais. Este tipo de caso geralmente demanda uma estrutura institucional que possa conter as diversas formas de manifestação que o consultório particular não é capaz de oferecer. Penso que a abordagem familiar permite uma visão mais ampla e menos estigmatizadora de crianças e adolescentes que são colocados como "portadores do problema".

Luiz Meyer (1983) já apontava para a dificuldade de transformar demandas de cuidado individuais em familiares. Isto se torna mais crítico quando o sintoma em causa tem uma derivação jurídica, na qual o sistema busca individualizar, controlar e punir *o* culpado. Os psicanalistas inseridos em tais instituições têm uma dupla missão: controlar o aspecto punitivo da intervenção para não ficar numa simples penalização e engajar o grupo familiar como um todo para o envolvimento no processo de atendimento, não de um indivíduo-problema, mas de uma família em dificuldade.

As questões de maus-tratos e abusos sexuais de menores muitas vezes remetem diretamente para a problemática da psicopatia, na qual não raramente o próprio perpetrador é um outro menor de idade mais velho que a vítima, membro da família, muitas vezes ele mesmo uma ex-vítima de tais abusos no passado. Esta é uma realidade que não pode ser negada ou minimizada. A verdade é que estes tipos de caso vêm aumentando (ou será que apenas se sabe mais sobre eles hoje do que antes?). Há um despreparo muito grande para se lidar com o impacto de tais atos nas vítimas, nos abusadores e nos próprios profissionais.

O uso da contratransferência

O trabalho com pessoas que apresentam tendências antissociais ou com psicopatas adultos traz um impacto sobre o psicanalista que não pode ser ignorado. Já tive a oportunidade de descrever algumas das impressões quando estive frente a frente com pacientes psicopatas (medo, impotência, frustração, tristeza, raiva etc.). Vou enfatizar a discriminação daquilo que o paciente causa no analista e o modo como tal informação pode realimentar o trabalho analítico.

A ênfase na análise e o manejo da contratransferência provêm da escola inglesa de psicanálise. No entanto, acredito que é útil para todos entender um pouco os efeitos específicos que alguns psicanalistas identificaram e puderam manejar.

Symington procura descrever tal efeito utilizando-se da análise de um personagem de romance (já mencionado). Em sua análise, aproxima-se bastante das características ressaltadas por Renato Mezan em seu diagnóstico do psicopata em outra obra literária (também já citada). Destaca-se, primordialmente, uma ligação muito estreita com um objeto de amor que representa o objeto perdido da sua relação primária. Na transferência, o analsta pode ser colocado neste lugar – possuindo, então, uma "tela protetora" contra as ações do psicopata, proteção esta que vai se desfazendo à medida que o trabalho interpretativo vai ganhando terreno. Na gênese da condição psicopática, encontramos a perda do objeto primário de amor ainda na posição esquizo-paranoide. Os mecanismos de projeção e introjeção, por meio dos quais o bebê se separa da mãe, ainda não completaram seu trabalho. Portanto, o bebê não perdeu somente a mãe, mas também parte de si mesmo. É como se a atividade confrontadora do analista reintroduzisse o trauma da perda, o que ativará o ódio do psicopata na forma de pensamentos paranoides. O aparecimento do aspecto paranoide na relação analítica também é mencionado por Kernberg.

A ideia de Symington é que, consciente ou inconscientemente, o analista percebe tal perigo e sente-se pressionado a "entrar em conluio com o psicopata": "Ele faz um apelo desesperado para que emprestemos dinheiro, que lhe demos água ou que o deixemos fazer uma ligação telefônica e assim por diante. Em si, tais pedidos são inofensivos, mas concordar ("collude") é semear desastre; é o equivalente a concordar que é impossível ao paciente introjetar um bom objeto e, em última análise, ser capaz de abandonar o analista" (p. 296).

O psicopata projeta seu próprio desespero interno nas pessoas à sua volta (o que provoca confusão e um sentimento ruim no ar), para conseguir atingir seus objetivos a curto prazo. Ele busca, assim, controlar tais pessoas por meio de poderosos mecanismos de identificação projetiva, fazendo com que os outros sintam o que ele é incapaz de sentir. O efeito desta projeção no analista (e nas pessoas em geral) é provocar nossos próprios impulsos sádicos primitivos. A resposta afetiva pode ser de duas formas: *incredulidade* ou *condenação*. Para aceitar a evidência dos fatos e não duvidar, é necessário trabalhar o próprio sadismo e aceitá-lo, o que é mais difícil de se fazer quando é isto o que está sendo constantemente provocado. A reação contrária é negar o próprio sadismo, projetando-o de volta no psicopata criminoso. Frequentemente, eles sentem que estão sendo vitimizados, o que pode corresponder, desta perspectiva, a uma percepção correta. A reação mais comum em meios ligados à saúde (hospital psiquiátrico, por exemplo) é a incredulidade. Na prisão, a reação mais vista é a condenação. Isto é corroborado também por Bromberg, quando diz que o psicopata é um bom candidato a "bode expiatório". Ele nos dá um relato vivo de como sua tentativa de atender os detentos encontrava uma ferrenha resistência por parte do pessoal encarregado da carceragem. Michel Foucault (1979) já dizia que a prisão (ou o manicômio) existe para "provar" que quem está fora é inocente (ou são). Mexer com os indivíduos nela é mexer com tais limites. Desconsiderar o impacto de uma intervenção psicológica no paciente-detento sem levar em conta o pessoal da vigilância-segurança é dar margem para ouvir: "Ele é bandido, doutor. Coisa ruim não muda. Não vale a pena. Essa gente só conhece uma linguagem: a da porrada".

Portanto, como não cair em uma posição ingênua de "não acredito que ele possa ter feito isto" ou numa condenação moral do tipo "este sujeito não tem mais jeito"? Symington assinala que as duas reações são facetas de uma mesma "negligência emocional": *não aceitar o psicopata como ele é.* Isto está, para nós, na mesma linha do que Winnicott recomendava: não se ter uma atitude "sentimentalista" para com o paciente. Para ele, o sentimentalismo contém uma negação inconsciente da destrutividade subjacente ao ato criativo: "Somente se soubermos que a criança quer derrubar a torre de cubos, será importante para ela vermos que sabe construí-la". Guardadas as devidas proporções, ambos estão chamando a atenção para o reconhecimento dos aspectos agressivos e destruidores presentes, tanto no outro quanto em si mesmo.

Kernberg (1995) vai falar quase a mesma coisa em outros termos. Ele destaca a sensação de confusão que pode tomar conta do analista com tal paciente. Para ele, a oscilação ocorre entre "aceitar as colocações do paciente sem críticas" e "rejeitá-las, adotando uma postura paranoide". A posição sadia, para Kernberg, seria uma oscilação entre uma postura paranoide e momentos de preocupação. O analista teria de ser capaz de apresentar-se como uma pessoa moral, mas não moralizadora; justa, mas não ingênua; confrontante, mas não agressiva, ou, como diria um americano, "easier said than done".

Lawrence Josephs (1992) assinala que intervenções moralizantes no sentido de provocar culpa e empatia pelas vítimas, como também admissão das consequências destrutivas de seus atos, podem partir de uma *atitude defensiva do analista* frente ao próprio sentimento de que ouvir o psicopata gabar-se de seus atos seja sentido como um conluio. Isto nada mais é do que não reconhecer *a ambivalência* presente em si frente a tais relatos. O que está na origem desta ambivalência seria o medo de que, ouvindo, ele se tornasse um "cúmplice", assumindo a responsabilidade pelo psicopata, o que seria livrá-lo ainda mais dela. Por outro lado, pode estar em ação uma *inveja inconsciente* da liberdade do psicopata quanto às regras morais.

Na mesma linha acima, Johnson e Szurek (1951) buscam discriminar **nos** pais, quando lidam com crianças com atos antissociais, o que é "amor" e "afeição" do que seria simplesmente *racionalização da culpa de impulsos sadomasoquistas* que aparecem na forma de "gentileza" ou "indulgência". O efeito de tais atitudes sobre os filhos é o de funcionar como uma permissão do impulso antissocial. Da mesma forma, estes autores fazem uma distinção entro o que seria uma atitude de "firmeza" de outra de "repressão sádica". Para o bom desenlace no trabalho com crianças com tais pais, recomendam terapia em paralelo com os pais ou a retirada do menor da casa.

4
Casos clínicos

Apresentarei, a seguir, alguns estudos de casos encontrados na literatura psicanalítica. Iniciarei com o trabalho de Karl Abraham, que pode ser considerado como um clássico no estudo da psicopatia, seguido de um outro caso da mesma tipologia (impostor), de Helene Deutsch, que foi uma das primeiras mulheres no círculo restrito de contato com S. Freud. A seguir, veremos o caso apresentado por Betty Joseph, analista inglesa kleiniana, no 21º Congresso da Associação Psicanalítica Internacional em 1959. Termino com o paciente chamado de "O mentiroso" por Christopher Bollas, que se utiliza dos conceitos de Winnicott para revelar nuances bastante sutis dos mecanismos de um psicopata mentiroso.

O impostor: um tipo especial de psicopata

Apresentarei, a seguir, um "estudo de caso" designado pelo autor como "ensaio de psicologia criminal". Este material não foi obtido por meio de um tratamento psicanalítico propriamente dito. Trata-se de um esforço de entendimento de um fenômeno clínico, se assim podemos chamá-lo, do qual Karl Abraham participou enquanto uma testemunha privilegiada. É também um acerto de contas com um diagnóstico fechado dado por ele e que, no curso dos acontecimentos, não se mostrou correto. Este caso foi originalmente publicado em 1925 e, juntamente com o trabalho de Aichhorn, integra os clássicos da pesquisa sobre a psicopatia. Trabalhei com o artigo de 1935, traduzido por Alix Strachey.

A apresentação do caso e sua discussão refletem as circunstâncias nas quais Abraham entrou em contato com este sujeito, aqui qualificado de *impostor*, que ele chama de "N". Esta apresentação é dividida em dois tempos, uma vez que há um lapso temporal de cinco anos entre os dois contatos que existiram entre Abraham e N.

O termo "impostor", aqui, é utilizado no sentido de dar a N. uma categorização. Diz respeito ao sujeito que comete transgressões, aplicando golpes, obtendo vantagens pessoais em prejuízo alheio, induzindo ou mantendo alguém em erro por meio de artifício, ardil ou qualquer outro meio fraudulento. É a figura do estelionatário, conhecido na gíria da cadeia como "171"[1]. O impostor seria uma das manifestações possíveis da psicopatia.

1 Referência ao artigo de nº 171 do Código Penal.

Primeiro tempo

Abraham atuava como psiquiatra do exército em 1918. No cumprimento de suas atribuições, teve de realizar uma *avaliação psiquiátrica* para o tribunal militar. O réu estava sendo processado pelo exército por deserção, falsidade ideológica (assumir patentes que não tinha) e por um grande número de falcatruas, falsificações e fraudes. O tribunal militar solicitou uma avaliação psiquiátrica em razão da suspeita de comprometimento psicológico neste padrão transgressivo de comportamento.

O ENQUADRE

O primeiro contato entre Abraham e N. se deu na cela onde este estava confinado. A pedido de Abraham, o sujeito foi transferido para um anexo do hospital psiquiátrico sob a vigilância de três guardas. Abraham era, além do médico encarregado da perícia que influenciaria seu destino no julgamento militar, também seu superior na hierarquia militar. Esta situação aumentava a assimetria da relação. Ademais, N. tinha uma *atitude de confrontação* e *rebeldia* contra qualquer autoridade representativa da figura paterna, o que será mais tarde explicado em função de seu histórico.

A TÉCNICA

Abraham utiliza-se da entrevista com cuidados quanto à possibilidade de *dissimulação*. A fim de verificar a veracidade das informações, procurou auxílio de *fontes externas* para confirmação de dados: "fontes de autoridade" e "informação oficial", que depreendemos que fossem os depoimentos dos superiores militares e documentos.

Abraham justifica seus cuidados dizendo que "N. tinha especial talento para contar histórias fantásticas". Porém, mesmo que não fosse esta característica de N., tais cuidados se mostrariam necessários frente à posição que se encontrava. Afinal tratava-se de uma avaliação compulsória dentro de um enquadre jurídico.

Segundo Abraham, "ele não mentiu sobre os fatos, falando com franqueza das delinquências, mas não falava de seus sentimentos íntimos e pensamentos". Apesar disto, Abraham qualifica sua atitude de "não muito cooperativa", o que, dadas as circunstâncias, não é de se estranhar.

A ANAMNESE DE N.

As transgressões de N. vinham de longa data. Entre os documentos de que Abraham se utilizou para levantar o histórico do periciando, constavam os dados do reformatório em que N. ficou institucionalizado.

N. era o filho caçula de uma prole numerosa. Seu pai era um oficial menor e a família muito pobre. Havia um grande intervalo de tempo entre ele e seus irmãos (já crescidos à época de seu nascimento). Sua mãe falava que ele não fora desejado. Como os outros já ganhavam algum dinheiro e ele era apenas uma "boca a mais para alimentar", ouviu reiteradamente que era apenas "uma carga para a família". Ele sentia que seus familiares não só não o amavam como eram francamente hostis a ele. Quando menino, demonstrara um desejo grande de ser alguém.

Entre os cinco e os seis anos, no jardim de infância, buscava interagir com as crianças de famílias mais abastadas.

N. invejava estas crianças e queria se igualar a elas. Aos seis anos, comprou material de papelaria a crédito fingindo ser filho de um general.

O seu talento artístico foi reconhecido desde logo na escola. Mas não perseverava, ficando em alguma atividade apenas o tempo em que era notado e favorecido pelo professor. Apresentava com frequência ideias de fuga, falta de disciplina e ideias megalomaníacas (segundo os professores). N. tomava dinheiro emprestado de professores, livros emprestados dos amigos (os quais vendia). Não terminou sua formação escolar regular.

A família fez uma tentativa de colocá-lo como aprendiz em ofícios técnicos. N. deu início, aí, a uma sequência de roubos que extrapolou o âmbito doméstico da família e da escola. Começou a andar em má companhia e terminou em reformatório.

Na instituição, caiu nas graças do diretor, que o incentivou no desenvolvimento de seu talento. Em razão desta proteção, N. frequentou a escola politécnica em outra cidade. Mas logo se envolveu em problemas e teve de abandonar esta escola.

Aos dezenove anos, N. foi para Berlim e conseguiu emprego. Mas não "pegava duro" no trabalho: em vez disto, fazia-se passar por um cavalheiro e contraiu pesadas dívidas. Mas, com isto, conseguiu entrar na roda da alta sociedade, seu desejo infantil. Entrou como convidado em círculos sociais exclusivos, sempre se vestindo e se comportando como um cidadão da alta classe. Mas a forma como conseguia seus recursos era sempre escusa e, invariavelmente, acabava tendo de desaparecer para não ser desmascarado. N. começou a percorrer a Alemanha, o Tirol e a Suíça, sempre neste padrão de penetrar em círculos sociais restritos e realizar pequenos golpes. Fez um circuito de prisões e tribunais. A partir da última sentença, foi enviado ao exército (1915).

N. tinha 22 anos no início da vida militar. Quando foi detido, tinha um histórico longo de detenção e condenação por tribunais civis. O caráter cíclico das transgressões (em curto tempo, ganha a confiança e a simpatia dos outros, começa a ser favorecido, abusa da confiança, transgride, foge...) era um padrão inalterável. No exército, passou-se por cabo e depois por sargento, viajando sem pagar por meio da falsificação de passes. Conquistava a confiança de pessoas, que lhe confiavam dinheiro para comprar provisões; ele gastava consigo próprio tal dinheiro e, quando estava prestes a ser descoberto, fugia. "Pode ser observado que N. poderia conquistar com facilidade pessoas de todas as idades, classes, homens e mulheres igualmente e, então, enganá-los, mas ele nunca demonstrou nenhum esforço considerável para fugir do exército ou da lei". Esta é a famosa capacidade de sedução que se apregoa neste tipo de psicopata.

Abraham nos dá um exemplo convincente da capacidade sedutora de N. Conta ele que N. era capaz de ganhar a confiança dos carcereiros, que deixavam a cela aberta. Quando os três guardas fizeram a escolta de N. da cela ao hospital de Abraham, este quis se certificar de como N. estava. Para sua surpresa encontrou um guarda servindo de modelo para N. fazer um retrato e os outros estavam observando o trabalho de portas abertas. Aparentemente, ele havia feito amizade durante o percurso de dez minutos entre a prisão e o hospital, falado de suas habilidades e prometido fazer retratos deles.

CONCLUSÃO DA AVALIAÇÃO PSIQUIÁTRICA MILITAR

Abraham não constatou nenhum “distúrbio mental” ou “deficiência mental” que justificassem seu comportamento transgressivo. Pelo contrário, a inteligência era acima da média, possuindo habilidades artísticas. O desvio da norma consistia somente em sua conduta.

Abraham levanta a hipótese de um distúrbio profundo da vida afetiva responsável pela conduta antissocial. Cita a expressão *moral insanity* como coincidente com a descrição clínica que faz (como vimos no Cap. I, este termo era correntemente utilizado à época para designar o psicopata). Abraham reconhece a existência de impulsos que, fatalmente, reapareceriam com força irresistível ao longo da vida de N. Pela sua avaliação, tratar-se-ia de uma condição *permanente* e *inalterável*.

Esta conclusão diagnóstica seria o suficiente para encaminhar N. para um tratamento hospitalar em regime fechado hoje em dia. Considerar-se-ia tal indivíduo como semi-imputável[2]. Segundo Moura (1994), a categoria na qual tipicamente se enquadra a personalidade antissocial seria a da semi-imputabilidade: “Contrariamente ao que se poderia supor, a semi-imputabilidade não foi desenvolvida por penalistas, mas sim por psiquiatras, particularmente pelos psicopatologistas forenses. Nos casos de semi-imputabilidade

2 O indivíduo quando comete um delito é julgado conforme sua capacidade de se autodeterminar e, portanto, de ser responsabilizado pelo ato cometido. Quando ele o é (responsável), dizemos que o indivíduo é *imputável*; sendo julgado, será passível de receber uma sentença. Porém, quando fica provado que o indivíduo não pode se determinar livremente em função de um estado patológico, ele será considerado *inimputável*. Enquanto psicólogo do sistema prisional, trabalhando no Manicômio Judiciário de Franco da Rocha, encontrei alguns pacientes que afirmavam que foram convencidos pelos advogados a se manifestarem como inimputáveis somente para se verem livres de uma pena mais longa. Muitas vezes era difícil avaliar se a tentativa de manipulação *teria* acontecido ou se *estava* acontecendo.

a culpabilidade não é excluída, mas a pena é reduzida, pois a responsabilidade estava diminuída" (p. 93).

Na época e no local em que se deu a avaliação, o sistema era diferente. Abraham fala que a lei não reconhecia a interferência de um estado anormal da vida afetiva como influindo na responsabilidade do sujeito. Apesar de uma atitude bastante humana e compreensiva dos membros do Tribunal Militar, N. recebeu uma longa sentença (agosto, 1918).

Segundo tempo

O segundo contato acontece em 1923. A guerra havia terminado. Abraham é convidado para atuar como perito por um tribunal civil para fazer uma reavaliação.

O ENQUADRE

Tanto o perito quanto o periciando eram civis. O sujeito estava sendo processado, portanto a avaliação era compulsória. Segundo Abraham, este segundo contato com N. foi mais curto que o primeiro.

A TÉCNICA

Na entrevista com N., Abraham novamente se utilizou do cotejamento com fontes oficiais (externas). Desta feita, porém, o sujeito estava mais cooperativo: "ele sentia que ele era meu igual na vida civil e poderia contar-me sobre si sem a antiga desconfiança", diz Abraham. Neste ponto, teve acesso a informações que completaram a anamnese acima resumida. Havia um interesse especial de Abraham neste caso. É possível supor, pelo artigo, que Abraham foi especialmente chamado para fazer uma reavaliação de N. diante das novas circunstâncias.

E por que N. estava sendo processado? Ele estava sendo acusado de vários golpes até meados de 1919. Durante o julgamento, N. declarou ao juiz que havia cometido tais delitos, sim, mas sob a influência de uma "velha compulsão patológica" que já o havia deixado e, desde então, por quatro anos, nunca mais cometera nenhuma transgressão.

O caso apresentava características intrigantes sob o ponto de vista psicológico. Ele simplesmente contradizia a experiência psiquiátrica quanto à conclusão que havia emitido cinco anos antes. No entanto, Abraham propõe explicá-lo pelos achados empíricos da psicanálise, colocando aqui esta contribuição como um exemplo do serviço que poderia prestar à criminologia.

RETOMANDO O HISTÓRICO

Por meio deste novo contato, Abraham fica sabendo que N. foi solto logo após a guerra (anistia). Além de tudo era sortudo! A situação de pós-guerra era rica em várias oportunidades para alguém com suas características. N. trabalhou no "corpo de voluntários" e outras organizações militares, recebendo o cargo de tesoureiro! Chegou a desempenhar tarefas fingindo-se de oficial, o que demonstrava suas capacidades. De março a junho de 1919, já na vida civil, continuou com sua prática de pequenos delitos.

A *mudança* ocorreu a partir de junho de 1919. Desta data até o momento de seu processo, N. alegava não ter cometido nenhum dos antigos delitos. Neste período, ele havia assumido posições de trabalho destacado em duas casas comerciais e era bem considerado. Seu passado era conhecido; portanto, era vigiado. No entanto, não havia, pelos seus superiores, qualquer motivo para queixa. Dois respeitáveis comerciantes para quem N. tinha trabalhado atestavam que ele era "absolutamente leal e confiável em questão de dinheiro". O que teria acontecido em junho de 1919?

A resposta é ainda mais surpreendente. N. havia conhecido uma mulher mais velha que se tornou sua protetora, acolhendo-o em sua firma. Lá, ele pôde se utilizar de seus talentos artísticos e receber uma boa remuneração. Por meio de sua benfeitora, entrou em contato com outras pessoas bem colocadas socialmente. Seu relacionamento com esta mulher, que era viúva e com filhos já crescidos, tornou-se mais íntima. Os dois se casaram. Este casamento lhe garantiu uma boa posição social, respeitabilidade e... a cura!

CONCLUSÃO E PROBLEMÁTICAS

Abraham descarta a hipótese de uma "cura espontânea". Frente ao seu diagnóstico anterior, revela que não conhece nenhuma "força que exercesse tal influência". Portanto, em sua conclusão, a solução é psicológica. O comportamento associal de N. era uma reação àquela impressão infantil de ser indesejado e hostilizado desde cedo.

Abraham utiliza-se do dado empírico de que as crianças criam suas primeiras experiências de amor a partir de seus contatos iniciais.

> Sob tais circunstâncias que eu descrevo uma criança não pode desenvolver satisfatoriamente seu objeto de amor. Suas primeiras tentativas de dirigir sua libido sobre as pessoas à sua

volta necessariamente falharam; e ele então procederia um refluxo narcísico da catexia do *ego*, enquanto ao mesmo tempo ele produzirá uma forte atitude de ódio em relação aos seus objetos. (p. 580)

A partir deste ponto de vista, Abraham considera perfeitamente compreensível o comportamento de N. no jardim de infância. Ele desprezava seus pais, assim como estes o desprezavam. Ele queria ter pais ricos que não o considerassem um fardo econômico. Desde muito cedo, N. mostrava seu lado mais atraente para qualquer figura substitutiva de pai, mãe ou irmãos. Todos os professores e colegas "deveriam" ter orgulho dele – prover uma fonte perpétua de gratificação narcísica. Este é um processo de identificação das pessoas à sua volta com a sua família. N. ia ainda mais longe: tinha de desapontar aqueles que o amavam para ter a sua vingança sobre eles. N. tinha necessidade de ser "amável", ou seja, "capaz de ser amado" por todas as pessoas, apenas para "provar" que ele era "incapaz" de ser merecedor deste sentimento.

N. tinha de ser o centro da atenção, derivando enorme prazer de sentir que "tudo girava ao seu redor", obedecendo uma compulsão irresistível de agir para se tornar novamente um marginal/excluído. Os estados anteriores de prosperidade eram apenas gratificações momentâneas de seu narcisismo. Seus impulsos ambivalentes eram muito fortes para que gozasse de um real equilíbrio mental. Abraham supõe um "forte sentimento inconsciente de culpa" que o impulsionava para o ato de autopunição. Em 1923, N. gozava de uma "situação externa feliz" e "uma paz interna".

Eu já tive a oportunidade de mostrar que no caso de N. sua libido estava fixada em um estado de narcisismo como o resultado de

> um processo regressivo, causado por uma forte desilusão em sua tenra infância. Em outras palavras, N. não pode enquanto um pequeno menino ser capaz de extrair o tanto de prazer que outras crianças conseguem. Ele não teve amor suficiente de sua mãe; e ele não teve a possibilidade de colocar seu pai no lugar de uma figura ideal. Ao contrário, nós vemos que ele foi dominado desde muito cedo pelo desejo de ter um pai diferente. Além do mais, ele não conseguiu se identificar com seus irmãos e irmãs em seu processo edípico contra seu pai, pois seu pai e seus irmãos tinham formado um grupo de inimigos a sua volta. Portanto, seu complexo de Édipo não seguiu um desenvolvimento adequado, e como consequência natural nenhum dos processos de sublimação pode acontecer, sem os quais o indivíduo não pode achar seu próprio lugar no seio da sociedade. (p. 582)

O fato "acidental" providenciou um realização completa de todos os seus desejos infantis: uma mulher gosta dele e lhe dá sinais de uma solicitude materna. Ela se casa com ele. Ninguém se interpõe entre o amor que une a "mãe" e o "filho", seu marido já morrera há muito tempo. Seus dois filhos, que teriam direitos anteriores a ela, são preteridos em favor dele. Ele assume o lugar dos filhos dela na substituição do marido morto.

N. confirma a hipótese de Abraham, dizendo: "muito cedo, depois que a conheci, eu comecei a chamá-la de 'mãezinha', e ainda não consigo chamá-la de outra forma". N. demonstra fortes sentimentos de gratidão e afeto. Ele conseguiu tardiamente na vida aquilo que não conseguiu na infância: uma transferência libidinal à sua mãe. Ele não evoluiu completamente de seu narcisismo, mas conseguiu alguma forma de progresso da sua fixação narcísica em direção a uma relação objetal.

Abraham observa que a *culpa* está ausente. Não há figura paterna para ser removida. Não havia oposição dos filhos dela em relação a ele. Ou seja, pela primeira vez a gratificação libidinal possibilitou uma transferência de libido da aderência narcísica para um objeto.

N. confidencia a Abraham seu *medo* de que a estabilidade da sua situação pudesse mudar se algo acontecesse que pusesse em risco a sua relação com a mulher. Ele intuía que sua estabilidade só era possível graças à sua vida emocional.

Abraham considera ser este um legítimo caso de "cura pelo amor", compreensível por meio da teoria psicanalítica da libido. Abraham não especula, neste caso, sobre o possível ponto de fixação libidinal. No entanto, devido à regressão narcísica da libido, Abraham pressupõe uma *inibição da formação do caráter.* Isto nos remete à discussão sobre a formação da estrutura *superegoica* (capítulo 2, seção 2.4.)

Outro estudo sobre o impostor

Em 1955, Helene Deutsch publica um trabalho no qual procura seguir o exemplo de Abraham de "escolher dentre as muitas variedades de personalidades psicopáticas um tipo particular e tentar entendê-lo". Deutsch, que era psiquiatra em Viena, foi uma das primeiras mulheres do círculo freudiano, tendo sido analisada pelo próprio Freud.

O trabalho de Deutsch baseia-se em um atendimento, também dividido em dois momentos. Seu paciente se chamava "Jimmy". O atendimento iniciou-se a pedido de uma instituição de tratamento de delinquentes juvenis quando Jimmy contava quatorze anos. Aqui temos novamente uma demanda que é gerada por pessoas em volta do sujeito, sendo que a questão do desejo e da demanda próprios está prejudicada. É por isto mesmo que Jimmy não adere. O atendimento é retomado após um intervalo de oito anos. A retomada foi motivada por uma crise (Jimmy tem um ataque de ansiedade frente à possibilidade de ser punido por tribunal militar!). O atendimento, que Deutsch chama de "mais uma terapia suportiva do que uma análise propriamente dita", estende-se pelo período de oito anos.

Não entrarei aqui em todas as minúcias do caso, para o qual remeto o leitor ao próprio artigo. O que interessa é estabelecer uma ligação ao que já conhecemos da estrutura do impostor que Abraham apresenta. Neste artigo, Deutsch dialoga tanto com Aichhorn quanto com Reich, levantando pontos em comum com ambos os autores por nós já trabalhados.

Em primeiro lugar, vale destacar que Deutsch considera Jimmy um "típico jovem psicopata", em função de certas características comuns deste quadro. Ele não conseguia seguir a disciplina da escola, cabulando aulas frequentemente. Havia um padrão repetitivo em seu comportamento, que a autora chama de *acting out*[3]. No início, ele apresentava um comportamento sedutor, conquistando o outro; posteriormente, tornava-se insolente e rebelde com seus superiores, incitava os colegas a quebrar regras, tentava impressioná-los com gastos extravagantes e iniciava discussões e brigas para daí escapar covardemente, recebendo o desprezo de todos. Ele forjava as assinaturas em cheques do irmão e da mãe. Provocava situações disruptivas na vizinhança. Em relação

3 Alguns autores defendem o uso do termo *acting out* para as situações de repetição na transferência de um conflito que está sendo escamoteado *dentro* da sessão de análise. Ver Fenichel, Sandler.

à terapeuta, mostrava-se arrogante. Insistia em dizer, com visível demonstração de desrespeito que não vinha de livre e espontânea vontade, que não via nada de errado consigo e que eram "os outros que precisavam de terapia". Jimmy tinha todo o perfil para se tornar um criminoso. A falta de afeto, sua incapacidade de formar relacionamentos humanos e ideias paranoides (os outros sempre queriam prejudicá-lo) levaram Deutsch até a cogitar do diagnóstico de uma esquizofrenia incipiente.

Os aspectos transgressivos de Jimmy eram bem definidos desde a adolescência. A sua "carreira" como impostor começou pouco antes da guerra, quando assumia posições de trabalho que não mantinha, responsabilidades que não honrava, empreendimentos financeiros que negligenciava e terminavam em fracasso. Ele iniciou um projeto como fazendeiro, depois quis ser um escritor, posteriormente achou que se daria bem como produtor de cinema e, mais para frente, associou-se com pessoas na área industrial e se apresentou como um inventor. Enfim, suas imposturas correspondiam a uma forma adulta de "cabular as aulas". Esta necessidade de se parecer maior do que era se repetiu no exército, assumindo uma atitude de emular uma postura heroica de lutar "para proteger a pátria". Quando o "herói" foi desmascarado, transformando-se em um covarde, viveu com grande ansiedade a perspectiva de sofrer uma punição severa pelo exército. Frente a esta situação lembrou-se do que Deutsch tinha lhe dito oito anos antes sobre "esconder seu medo atrás de uma fachada de grandiosidade".

Deutsch vê, tal qual Abraham, uma *regressão narcísica* neste comportamento de negar sua própria identidade por meio de reiteradas imposturas. Quanto ao fator etiológico, vimos como Abraham atribuía tal desvio a uma tentativa de restituição daquilo que nunca se teve (carinho/amor materno). No caso analisado por Deutsch, o mesmo efeito foi causado por um fator exatamente oposto. Jimmy vinha de uma família abastada, com um pai muito proeminente financeira e socialmente e uma mãe com "características masoquistas que por amor sacrificava-se completamente pelos outros". Deutsch concorda com Greenacre (1952)[4] sobre o fator patogênico da combinação de *indulgência* e *severidade* por parte dos pais, o que converge com os fatores apontados por Reich. Segundo a autora, o paciente teve uma *superalimentação emocional*[5] (o pai tinha altas expectativas dele e a mãe o superprotegia, acobertando suas transgressões).

> Eu acredito que uma superalimentação emocional de uma criança é capaz de produzir resultados muito similares aos causados pela frustração emocional. Isto contribui para um aumento do narcisismo infantil, torna a adaptação à realidade e as relações objetais mais difíceis. Além de criar uma intolerância à frustração e enfraquecer a habilidade do *ego* para desenvolver defesas construtivas, sendo responsável em larga medida por uma passividade.

4 "Existe frequentemente uma acentuada diferença entre as atitudes dos pais em relação à autoridade, capacidade de realização que resulta num considerável conflito intrafamilial. Em muitos casos, existe um atarefado e distante, mas austero e temido pai, que está um tanto afastado das atividades cotidianas da família, e uma mãe indulgente, amante dos prazeres, que mostra desprezo pelo papel do seu marido na vida. As altercações e mágoas provocadas por esse conflito são ocultadas do resto do mundo, usualmente por causa do destaque social da família. Os filhos, embora colocados entre os pais, são forçados a assumir o papel de 'família feliz' e, superficialmente, tornam-se 'crianças modelos'. O encanto superficial que a criança deve exibir para granjear aprovação dos pais é desprovido de amor e de lealdade, bases para as relações entre famílias menos conflitivas". Greenacre, Phyllis. "Conscience in the psychopath", *American Journal of Orthopsychiatry*, 15:495-509, 1945 (*apud* Butcher, p. 79, 1975).

5 *Emotional overfeeding.*

O relacionamento de Jimmy com seu pai era adequado para fortalecer a predisposição criada pela mãe. A personalidade forte e despótica do pai contribuía para a passividade de Jimmy, e o narcisismo do pai preparou o terreno para a posterior e decisiva identificação com ele.

Este contexto teria criado aquilo que Aichhorn chamaria de um "estado latente de delinquência" ou predisposição para o desenvolvimento patológico, como prefere Deutsch. No entanto, foi um fato traumático que teria sido o disparador ou "ativador" de tal disposição. Tal trauma sobreveio na forma de uma doença degenerativa do pai, quando Jimmy contava sete anos de idade, arrastando-se por cinco anos e tornando-o completamente inválido. Este fato, ocorrido no período de latência, causou a Jimmy problemas quanto à identificação com esta figura, anteriormente poderosa, de pai. Parafraseando Freud, Deutsch diz que "uma sombra caiu sobre seu próprio *ego* identificado com o pai".

A problemática do impostor recai, portanto, na *problemática do superego*, mais especificamente do ideal do *ego* enquanto representantes dessexualizados das figuras parentais. Seu relacionamento com seu pai nunca foi totalmente dessexualizado, enquanto que a identificação com sua mãe era como objeto sexual desvalorizado do pai (tais identificações são retraçadas a partir das fantasias masturbatórias de Jimmy de caráter passivo-feminino-masoquista e seu medo de ser homossexual). Ele exigia que o mundo o tratasse não de acordo com suas conquistas, mas de acordo com seu ideal de *ego* inflado. Há uma constante busca em impor aos outros a crença em sua grandeza.

A característica comum a todos os impostores, segundo Deutsch, seria a de assumir as identidades de outros homens a fim de materializar uma fantasia mais ou menos adaptada à realidade. O *ego* destes indivíduos, tal qual se encontra expresso em seu verdadeiro nome, é um *ego desvalorizado* e *carregado de culpa*. Ele se comporta como se seu ideal de *ego* fosse idêntico a si próprio, e espera que todos os demais estejam de acordo com isto. A recusa do outro em compactuar com esta farsa, que coloca em xeque tal realidade, é respondida com reações paranoides e agressivas. Este tipo de psicopata não prima por uma demonstração agressiva, mas a violência está implícita no próprio ato de expropriação de atributos pertencentes a outrem, como já fez notar Jurandir Freire Costa (1984).

> Além disso, o impostor explora a força de modo visível e ruidoso, aliando indissociavelmente violência e exibição. A impostura nutre-se da expropriação de atributos de poder pertencentes a outrem: nome, *status*, bens, etc.. A identidade cobiçada é a socialmente reconhecida. É por meio da manipulação da honra e prestígio sociais que o impostor logra sujeitar o ambiente a seus desejos e intenções. Na impostura o falso *self*, a falsa identidade, procura definir-se pela posse, ostentação e manuseio violento do socialmente aceito como belo, bom, forte, poderoso, etc.. A força da impostura reside na exibição do que fascina o olhar da vítima e na ocultação do que é desprezível sem títulos, rosto ou nome diante do olhar impostor. (p. 82)

Vemos como estas observações cabem tanto para Jimmy quanto para N. Costa recorre aqui ao conceito de Winnicott de falso *self*, que abordarei mais adiante a propósito de outro caso clínico (Bollas).

Tal qual já apontado anteriormente por Schmideberg, à medida que as atividades antissociais diminuíam, aumentava a sua ansiedade. Esta se manifestava por medo de que algo acontecesse a seu corpo e não pudesse receber ajuda médica (hipocondríaca); medo de sair da cidade e estar longe de casa (fóbica) e, à medida que conseguia desenvolver algum trabalho honesto, começou, paradoxalmente, a ter medo de ser descoberto como um embuste. *Ele, que nunca teve medo de ser exposto enquanto pretendia ser algo que não era, sentia-se um impostor em seu novo papel: daquele que estava fazendo um trabalho honesto.*

Concluindo, Deutsch acredita que Jimmy buscou na impostura uma forma de reagir aos "insultos e ataques do mundo" quando este não correspondia à imagem de si, confundido com a de seu ideal do *ego*. Sua percepção é de uma vítima; suas ações, entendidas como autodefesa. Portanto, qualquer apelo ao bom senso era completamente inútil.

É necessário admitir que a harmonia no indivíduo normal é raramente atingida. Uma vez que a gratificação do ideal de *ego* nunca é completamente alcançada internamente, lançamos ao mundo nosso apelo de sermos reconhecidos por aquilo que gostaríamos de ser. Neste sentido, a capacidade de fingir ser o que não se é está presente em todos os indivíduos. Isto é facilmente observável nas crianças pequenas que personificam tais desejos em seus contatos com adultos e crianças.

O "psicopata não criminoso" de Betty Joseph

Betty Joseph é uma analista kleiniana inglesa que apresenta, em 1959, um caso de psicopatia com um histórico de três anos de análise. O paciente – um jovem que inicia sua análise aos dezesseis anos de idade – vem com uma história de comportamento irrequieto, inconveniente, inadaptado, não perseverando em nada e sem interesses reais na vida e na escola.

Os pais são judeus; o pai é fraco e aplacador; a mãe é francesa, ansiosa e excitável. Ele é um advogado, empregado em uma grande indústria. Ela é gerente de um café. Eles têm uma filha, dois anos mais jovem.

O paciente mamou até os dois meses no peito, chorando muito entre as mamadas. Suas relações vão ficando cada vez mais difíceis com a mãe; as relações com o pai são amistosas. Ficou em internato aos treze anos; aos dezesseis mudou-se para Londres, onde iniciou sua análise. Mostrava-se interessado apenas em ir para festas e curtir com as meninas; faltava às aulas, desprezava os professores, mostrando-se exigente e explorador com os pais (obtinha tudo deles: dinheiro, comida e aprendizagem) para desperdiçar e desdenhar sem apresentar sentimento de culpa. Era pretensioso, tinha uma autoimagem de alguém especial e único (considerava-se amado mas não tinha amigos de verdade); emocionalmente lábil e impulsivo, era facilmente influenciável pelo grupo (andava com adolescentes à beira da delinquência); apresentava condição efeminada no andar.

Segundo avaliação de Joseph, apresentava sintomas neuróticos evidentes, uma formação de caráter gravemente perturbada, *ego* fraco com relações de objeto primitivas, superficial em seus afetos e claramente narcisista.

Em relação à análise, era regular em seu horário. Havia períodos em que era agressivo, distorcia as interpretações, rechaçava-as, atacava verbalmente a analista, debochava e arguia como um advogado sádico. Em outros momentos, podia se mostrar cooperativo, afável e até aplacador. Sua reação às interpretações era superficial, um vago "sim"; pulava de assunto a assunto sem continuidade entre as sessões, sem referência a *insights* obtidos. Quando a natureza e a necessidade da onipotência eram interpretadas, respondia com um “tudo bem, tudo bem, tudo bem”, zangando-se, ofendendo a analista de modo extremo e dizendo que era ridícula. Parecia entrar em colapso. A imagem que Joseph faz é de queda, “completamente aos pedaços”.

Joseph aponta três condições essenciais para a condição psicopática:

A. Incapacidade de tolerar qualquer tensão.

Isto se manifestava de forma física (ele se beliscava, roia as unhas se irritado); incapacidade de controlar a bexiga até próximo à latência. No plano psíquico, a frustração era atuada por meio de impulsos com pouca inibição.

B. Tipo particular de atitude em relação a seus objetos.

Ele se mostrava exigente, controlador, voraz e explorador: “ele precisa ter a análise, precisa ter as sessões sempre que quer, não importando o quanto possa ser difícil par seus pais pagar os honorários; mas, quando tem a análise, ele desdenha, despreza e distorce as interpretações”. (p. 49)

C. Combinação específica de defesas pelas quais mantém o equilíbrio precário, aquilo que ela denomina de *equilíbrio psicopático.*

Em primeiro lugar, há uma introjeção total das figuras idealizadas (pais, analista, professores) e identificação mágica (ele é inteligente, ele é bem-sucedido); fuga dos sentimentos depressivos. Ele evita a dependência dos objetos, desejo ou sentimento de perda deles. Como o objeto foi “engolido” e suas capacidades “roubadas”, não há por que sentir inveja, entrar em competição ou enfrentar a rivalidade edípica. Em

> contrapartida, fazendo uma cisão do *self* debilitante, deficiente, que tem fracasso em reparar e utilizar, o que possui é projetado para dentro dos pais, da analista e dos professores. Portanto, o fracasso, a culpa e a depressão eram desta forma evitados.
>
> Este mecanismo permitia evitar a criminalidade real e a perseguição; para tanto, escolhia amigos "quase delinquentes" em quem projetava seu *self* criminoso com a possibilidade de uma realização destas tendências por meio da identificação projetiva. A origem da sensação de ser perseguido vinha do uso constante da identificação projetiva para livrar-se das partes más.
>
> A necessidade de projetar essas diversas figuras internas no mundo externo, a fim de evitar tanto a perseguição interna como a possibilidade de culpa, desempenha um papel de grande importância nos psicopatas, motivando-os a manipular rixas, brigas, conflitos em seu ambiente externo para chamarem atenção e serem castigados e atacados por motivos aparentemente banais. (p. 51)

Joseph relata que a evolução se fez notar por uma maior tranquilidade em relação à perseguição; adquiriu maior *insight* mas, ao mesmo tempo, tornou-se notavelmente propenso a acidentes. A seguir, transcreverei um longo trecho final deste artigo, no qual a autora dá exemplos de como o paciente evita a culpa, por meio do método de *dramatizar uma situação* na qual é rejeitado – e assim castigado – por um crime menor, em vez de suportar a culpa subjacente mais profunda que o levaria à posição depressiva. Esta é a impossibilidade deste quadro.

> X decidiu seguir carreira na atividade de abastecimento, e agora era capaz de começar de forma realista; foi aceito num

curso universitário sobre essa área e encontrou trabalho na cozinha de um bom hotel, onde poderia adquirir uma experiência inicial. Ele era bom no trabalho e, pela primeira vez desde que iniciara durante um mês, ele chegou dizendo que o chef o demitira, mas ele não sabia por quê, exceto que estavam reduzindo o pessoal. Essa razão não o convencia. Durante toda a sessão, ele falou de modo muito contido, ficou dizendo quão prestimosos e bons todos haviam sido no seu trabalho e na agência de empregos, acrescentando muitas vezes: "Eu não caí em pedaços, eu não caí em pedaços", para então voltar a falar da bondade de todos. Quando lhe mostrei sua crença de que o chef agora roubara seu trabalho e sua potência e assinalei seu medo de encarar seu próprio desespero, sua perseguição e seu ódio, ele subitamente disse que pensava que o chef era um trapaceiro. Uma vez ele ouvira por acaso uma conversa que parecia indicar que, num trabalho anterior, o chef havia roubado alguns pernis. À medida que descrevia isso, X ficou em pânico e disse: "Minha raiva está vindo à tona", e voltou a descrever como todos haviam sido bons e prestimosos. Bem no final da sessão, quando falava do medo de sua raiva, ele disse: "É como quando eu fui ao cinema, no sábado; eles mostraram o filme de um acidente de avião em que quatorze pessoas morreram. As lágrimas brotaram dos meus olhos – em geral, a gente age como se se sentisse chorosa, mas isso foi real, me pegou de surpresa; eu estanquei as lágrimas, mas de certo modo fiquei contente de que os sentimentos aparecessem".

Quero aqui enfatizar três pontos: primeiro, seu medo de cair em pedaços se permitisse aflorar e deixar que o dominassem o ódio, a perseguição e o desespero da mesma forma que parecia ser capaz de cair em pedaços na sessão que mencionei anteriormente, quando analisava sua onipotência e ele por um momento encarava sua realidade psíquica. Segundo, sua nova tentativa de lidar com a culpa, projetando as partes ladras do *self* (como se verá mais tarde), os impulsos edípicos em relação à mãe e as figuras internas ladras e castradoras para dentro do chef – representante do pai – e a princípio negando até mesmo seu medo dele. Terceiro, a idealização profunda do *self* – apresentando-se tão tranquilo e construtivo – e de todo o mundo exterior, com exceção do chef. Mas essa cisão e idealização destinam-se agora também a manter seus objetos bons vivos e seguros. Podemos vê-los por meio de emergência de sentimentos depressivos – por exemplo, o modo surpreendentemente sincero com que falou da destruição do avião e seu medo da destruição de seu trabalho construtivo, num nível profundo, de seus bons objetos internos. Mas na realidade ele havia ocasionado essa destruição parcial: a perda do bom emprego. A razão de ser disso surgiu mais claramente três dias depois, quando, em resposta a interpretações, ele disse que achava que era possível que tivesse sido demitido por ter roubado comida do hotel. Por três vezes ele havia levado sanduíches para casa. Assim, a crítica ao chef por roubar ficou clara. Mas, como tentarei agora mostrar, esse pequeno roubo dos sanduíches, que quase certamente lhe ocasionou a demissão, era, como sugeri no início do artigo, não apenas uma atuação de impulsos vorazes, mas também um método mais complexo para evitar a culpa mais profunda e a ansiedade por roubar, devido ao estrago de seu objeto bom – num nível profundo, o seio da mãe. Isso apareceu no dia seguinte, quando ele chegou se queixando de que, embora tivesse conseguido um novo emprego, lhe haviam pago apenas uma libra para poder subsistir por algum tempo. "Não vou me arranjar com isso, tenho de pagar o aluguel, não posso, terei de pedir emprestado. No hotel o cardápio está em francês, e eu não consigo entendê-lo". Sugeri que o que ele não conseguia entender claramente era como ele havia entrado em todas essas embrulhadas com dinheiro, e eu acrescentaria que havia aqui uma conexão importante com o cardápio, em francês, e a comida da mãe francesa. Ele falou de planos para devolver o dinheiro e prosseguiu dizendo que tivera uma noite ruim: sua bolsa de água quente tinha vazado, a tampa não estava corretamente encaixada e a cama ficara molhada. Sugeri que o verdadeiro problema era que ele sentia que o dinheiro, assim como a análise e suas outras oportunidades, parecia de algum modo escoar e não ser aproveitado corretamente. Ele falou de uma dificuldade nos planos para o dia – o que fazer com a maleta que tinha consigo. Se a levasse para o trabalho, o porteiro a revistaria na saída para assegurar-se de que ele não estava roubando nada, e ele ficaria muito embaraçado, pois a maleta estava cheia de roupa suja. Mostrei-lhe sua ansiedade em receber coisas para que ele próprio usasse, por exemplo, para ter uma boa refeição, mas para surrupiá-las secretamente e transformá-las numa mixórdia representada pela roupa suja, como ele fazia com a análise, quando as sessões ficavam reiteradamente perdidas e caóticas. Ele disse que era verdade que em seu emprego anterior recebia três boas refeições por dia, mas que então ia também três vezes ao dia ao banheiro defecar.

Portanto, a natureza real de sua culpa, de suas autoacusações, aqui projetadas sobre o porteiro, refere-se ao modo como imediatamente transformava suas boas refeições em fezes, minhas boas interpretações em matéria a ser desprezada, que é então simplesmente defecada ou vazada. (p. 53-55)

O extrato acima é um belo exemplo da compreensão que a autora teve do dinamismo do paciente e de como suas intervenções tiveram determinados efeitos. Com esta proposição Joseph coloca a psicopatia como uma determinada condição psíquica que evitava por um lado a criminalidade e, por outro, o colapso psicótico.

O "mentiroso" de Christopher Bollas

Bollas é um analista inglês contemporâneo pertencente ao Grupo dos Independentes. A sua compreensão da mentira, neste caso de um psicopata mentiroso, é bastante ilustrativa da forma de compreensão derivada da ideia de "falso *self*"[6] postulada por Winnicott.

Trata-se aqui de Jonathan e é assim que ele se apresenta:

> Jonathan atrasa-se para o trabalho por causa de uma discussão com a mulher. Seu patrão pergunta a razão de sua ausência. Ele responde que dificilmente acreditará no que lhe aconteceu nessa manhã. Saiu de sua casa, como de costume, com bastante tempo para chegar ao escritório, quando um carro da polícia o obrigou a parar no acostamento. Os policiais pediram ajuda pelo rádio e em seguida apareceram várias viaturas da polícia, cercando seu carro. Estava paralisado pelo medo, mas a ocasião também inspirava uma curiosidade indignada

6 A expressão "falso *self*" foi cunhada por D. W. Winnicott em 1960, para designar uma distorção da personalidade que consiste em enveredar, desde a infância, por uma vida ilusória (o eu inautêntico), a fim de proteger, por meio de uma organização defensiva, o verdadeiro *self* (o eu autêntico); o falso *self*, portanto, é o meio de alguém não ser ele mesmo de acordo com diversas gradações, que chegam até a uma patologia do tipo esquizoide, na qual o falso *self* é instaurado como sendo a única realidade, com isso vindo expressar a ausência do *self* verdadeiro.

Foi num artigo de 1960, intitulado "Distorção do eu em função do *self* verdadeiro e falso", que D. W. Winnicott introduziu seu célebre "falso *self*", que faria fortuna na história do freudismo. Como sempre acontece em sua obra, o conceito foi construído de maneira luminosa a partir de um caso clínico (a história de uma mulher que tinha a impressão de nunca ter existido), sendo depois estendido a uma compreensão geral da natureza existencial do "autêntico" e do "inautêntico", na qual a relação com a mãe revela-se decisiva.

Winnicott extraiu dessa observação um ensinamento fecundo para a técnica analítica e mostrou como desarticular, na transferência, os numerosos artifícios com que o falso *self* encobre o verdadeiro, a ponto de tornar a própria análise inoperante. (Roudinesco, Elisabeth; Plon, Michel, 1988, p. 699)

> sobre esse episódio estranho. O impulso de se lamentar foi abafado pela lógica absurda dos acontecimentos. Foi empurrado para dentro de uma viatura da polícia e algemado. Sem dizer uma palavra, os policiais o levaram para a delegacia de polícia local, onde o colocaram em uma cela isolada. Depois do que parecia uma eternidade, mas que poderia ter sido mais ou menos uma hora, um detetive elegantemente vestido entra na cela. O detetive pede desculpas; tinha ocorrido um engano e ele estava livre para ir embora. Foi escoltado até um veículo policial não identificável e retornou ao seu carro, que permanecia no lugar de sua prisão não oficial, e daí, então, dirigiu até o trabalho. Enquanto narra essa mentira para mim, diz que mal podia acreditar que seu patrão fosse tão crédulo a ponto de aceitar esse relato como verdadeiro. "Essa história é como um filme de ladrões e policiais vulgares, ou uma versão de Kafka sobre as pessoas desfavorecidas. Não sei por que disse isso. Poderia, facilmente, ter dito que um pneu tinha furado. Mas, em vez disso, preferi contar essa história incrível, e o pobre coitado acreditou em mim. Ele acreditou em mim. Veja você, sempre que eu quiser fazer isso e escapar impunemente não terei mais qualquer problema. O que é a realidade se posso agir assim? Não preciso me preocupar com o que não gosto". (p. 211-212)

Bollas vai demonstrando que as mentiras surgem de uma maneira não premeditada (elas estão sendo contadas antes que ele, como sujeito consciente, tenha qualquer influência visível sobre as mesmas). Jonathan sente uma certa *obrigação* com sua capacidade de mentir: está consciente do risco de a mentira deixá-lo exposto, mas "acredita que somente pela mentira pode vivenciar um sentimento de realidade pessoal". Há uma dissociação.

A mentira é uma metáfora revolucionária e evocativa (é uma comparação implícita na qual se tira o "como se"). Ou seja, se tivesse dito que a ida ao trabalho fora como um terrível aprisionamento, seria igual a uma comparação implícita entre o episódio e os sentimentos e pensamentos correspondentes (realidade psíquica). A sua função evocativa tem a finalidade de perturbar e surpreender o objeto: "Uma imagem incomum ou uma justaposição impossível são usadas para dizer alguma verdade que seja difícil de se ajustar à prosa realística ou descritiva". É por isso que Bollas entende a mentira tal qual um sintoma histérico (que representa uma metáfora no corpo), pois carrega uma significação inconsciente e libera um afeto vinculado ao sentido.

A mentira, entendida neste sentido, não é somente uma forma de defesa (função de proteção), mas *proporciona uma relação afetiva e imaginativa com o mundo externo.*

Bollas discrimina *duas ordens de mentiras*: a necessária, quando mente em ocasiões em que se sente sem saída e imagina que a verdade seria desastrosa. É um momento de angústia, no qual a mentira não é libertadora; é quando Jonathan promete não se deixar cair em situação semelhante. A outra mentira é a desnecessária: "Esse mentir é incessante; a pessoa mente várias vezes durante o dia, e em algumas ocasiões, as mentiras são muito complexas e alimentadas durante longos períodos. A mentira tem uma função diferente da mentira da pessoa comum. Mentir para Jonathan "é colocar vida no vazio; é viver". A mentira existe para ele como a única forma de desenvolver uma experiência concluída com um objeto.

A etiologia da mentira se confunde com a própria etiologia da sua condição da identidade. Jonathan nasceu em um lar de pais ambiciosos que alcançaram destaque em seu trabalho. Os pais eram intelectuais e racionalistas em extremo, pouco continentes para as emoções e pouco disponíveis. O cuidado era delegado a várias pessoas que se alternavam. Com apenas dois meses de vida, a mãe o deixara por três semanas para assistir a uma conferência em outro país (uma decisão perfeitamente racional, uma vez que o bebê estava vivo, indo bem e parecia feliz). Uma empregada tomava conta dele de manhã e uma babá à tarde, a mãe passava rapidamente entre uma e outra para recolher a correspondência e dirigir algumas poucas palavras a ele. O pai chegava tarde e ficava enterrado em seus livros. Os momentos íntimos com o pai era de noite, uma vez que era sempre o pai que ia ao seu quarto quando estava sofrendo.

A mentira se origina então de uma experiência do objeto (pai, mãe, empregada) que obedece às leis das necessidades e desejos de Jonathan. É a mentira que permite recuperar uma relação fantasiosa com os pais, exatamente porque este pais interrompiam continuamente seu uso potencial como objetos de Jonathan, deixando-o confuso e fazendo com que este buscasse um mundo alternativo. Portanto, a mentira tem um *status* existencial quase igual à realidade: "A mentira, então, não é somente a negação da realidade. É a recusa do trauma que pode se deflagrar em uma nova encenação desse trauma". A mentira é um subterfúgio para compensar uma deficiência grave na formação do *self*. Bollas se refere à mentira de Jonathan como uma "segunda pele", constituída das matrizes da fantasia – a mentira torna-se uma função do falso *self*. O mentir é precedido por uma sensação particular de algo implacável. Bollas liga esta angústia a uma experiência de rememorar a forma como devia sentir-se quando bebê que acredita que sua própria existência é de alguma forma incerta.

E a realidade? Na verdade, o mundo externo só é acessível intermediado pela mentira. Mentindo e falsificando o que aconteceu ou o que irá acontecer ele mantém a ilusão de que as realidades passadas e futuras são provas de sua manipulação onipotente. E Jonathan testa isto continuamente: mentindo para ver se o outro acredita. É neste sentido que se pode dizer que o psicopata é dependente do outro, pois sua convicção de uma identidade própria está de certa forma atrelada a uma *loucura a dois* produzida pela mentira.

Mas o outro tem um significado instrumental para o psicopata: é usado para confirmar a onipotência dele sobre a realidade. A outra pessoa é atraída pela curiosidade e pelo efeito sedutor da mentira. À medida que pensam sobre o assunto, a mentira ganha corpo e realidade *no* outro. Se Jonathan começa a mentira, ela continua pelo alimento de fantasia e sentimento do outro.

> Uma vez, por exemplo, disse que no seu caminho para a estação do trem, viu um rapaz sendo abordado por um outro ligeiramente mais velho. Pareciam estar tendo um encontro ilícito, mas não pensou muito sobre o assunto. Poucos dias depois, viu novamente os dois rapazes, em outra zona da cidade. Desta vez, estava certo de ter visto um deles com uma seringa. Contou essa mentira para duas moças que trabalhavam no seu escritório. Foram seduzidas pela história e passaram uma boa parte do tempo imaginando o que poderia estar acontecendo. No dia seguinte, disse às duas que nunca iriam acreditar no que ele tinha visto. Na véspera, ao anoitecer, estava sentado em um cinema quando outra vez viu os dois rapazes juntos. Para seu espanto total, um deles aproximou-se e lhe perguntou se queria juntar-se a eles. Desarmado por esse processo de coincidências, dificilmente poderia recusar

> o convite. Juntou-se a eles e, depois do cinema, foram para a casa do rapaz mais velho. Lá, o mais novo tentou seduzi-lo, o que o fez sair correndo, pular para dentro do seu carro e dirigir para casa.
>
> Ouvindo isso, as moças ficaram impressionadas. Compartilhavam de seu total impacto. Uma semana mais tarde, ele lhes pergunta se estão lembradas dos dois rapazes. Sim, claro que estão, como poderia ele imaginar que se esqueceriam tão rapidamente? Diz, então, que um dos rapazes telefonou e lhe perguntou se passaria um fim de semana com ele em sua casa de campo. Novamente, não recusou. Foi até o chalé, e por incrível que pareça, lá no chalé estava um funcionário graduado do governo que passava filmes obscenos para um grupo de mulheres que superavam qualquer descrição. Eram muito mais do que decadentes. Ouvindo isso, as moças estavam fora de si de curiosidade. O que estava acontecendo, perguntaram? O que aconteceu depois disso? Desse momento em diante, Jonathan passou a maior parte do seu tempo respondendo suas perguntas. A gênese da mentira muda da subjetividade dele para a dela. Elas fazem perguntas e ele preenche as respostas. Esta mentira perdurou por seis semanas antes que fosse superada por uma outra, que o envolvia em um escândalo político imaginário. (p. 215-216)

Esta mesma dinâmica é observada na situação transferencial da análise. O mentiroso reatualiza com o outro uma alucinação a dois, que se transforma em um trauma a dois. A ideia presente aqui é que o mentiroso, ao criar uma mentira para um outro, "transfere a experiência que o bebê tem da função da mãe como mediadora e narradora de sua existência, uma vez que cada mentiroso cria, medeia e transforma o mundo para o outro. Quando essa função desaparece, a perda do processo narrativo do mentiroso recria, acredito eu, a experiência inconsciente do mentiroso sobre a perda de sua mãe, que foi apreendida nos primeiros meses de vida, não como um objeto diferenciado, mas como um processo transformacional. Apresentando ao outro um mundo, que desaparece da vista quando se descobre ser baseado em uma inverdade, Jonathan recria para o outro uma experiência que é marcantemente similar à sua própria, como o bebê de pais ausentes" (p. 222). A vivência que se estabelece aí, na descoberta da mentira, é a de *traição*. Este sentimento é, na realidade, uma reação à perda desta "voz" que estabelece a ligação entre o mentiroso e o outro. É por isto que Bollas também fala que a mentira é uma *recusa do trauma*, na tentativa de desfazer a situação traumática e que está latente no próprio processo de mentir.

A grande dificuldade no trabalho do analista é estabelecer um vínculo com seu mundo representacional. Ora, se é difícil acreditar nele como se ligar a algo que não se sabe real ou não? Como não fazer parte deste engodo? Toda uma gama de emoções foram elaboradas pelo analista: o trauma de ter sido enganado (traição), a frustração e o aborrecimento; então, a sensação de inutilidade ("será que algum dia chegarei a fazer alguma coisa por este paciente?"), e uma tristeza íntima diante de um quadro de desesperança ("o mentir de Jonathan era um quadro pungente de um jovem homem tentando criar um mundo para si, e, no entanto, alienando-o no momento exato de sua criação").

Bollas denomina como "psicose contratransferencial" o processo que vivenciou com Jonathan, no qual este elabora um plano detalhado e factível de assassinar alguém, e o analista é tomado por uma incapacidade de distinguir a verdade da mentira/fantasia. Buscando discutir com um colega, este lhe disse de forma trivial que deveria informar seu paciente de que se ele matasse alguém, ele com certeza iria à polícia. Foi justamente dizer tal coisa que converteu o que poderia ter sido um ato psicótico (assassinato) em uma fantasia. A este processo avassalador sobre o analista, Bollas denomina a "loucura da imposição do mentiroso como um enunciador de delírios", o que outros autores denominam de "identificação projetiva e seus poderosos efeitos de perturbar a capacidade de pensar do analista".

O contato com a contratransferência é a garantia de *cura* desta loucura imposta. "Minha raiva, minha frustração, meu sentimento de inutilidade e minha tristeza são todos, em parte, emoções contratransferenciais. Convivendo com a recriação feita por Jonathan, das atividades da mãe e agora como objeto dela, sei como é ter sido ele: sentir o trauma da ausência, a frustração de um relacionar ilusório, a raiva da traição, a sensação de inutilidade provocada pela falta de recursos, e a tristeza de saber que existe alguma coisa em Jonathan (como ele viu em sua mãe) que não o deixa parar o que está fazendo". Também é a possibilidade do analista propiciar uma maneira pela qual este paciente poderia recuperar-se da "loucura de sua sensibilidade". Isto é, o analista não deve repetir a falta de identificação dos pais com as necessidades da criança e o consequente descaso com as exigências psíquicas e somáticas e existenciais dela. Um cuidar assim, ignorando a realidade interna própria para evitar o sofrimento psíquico, é um *cuidar psicopático*.

Vimos por este exemplo clínico que o mentir está longe de ser simplesmente uma realização de um desejo inconsciente como forma de negar uma realidade desagradável (Schmideberg, 1935). Como fica patente a inutilidade de preconizar uma intervenção moralizadora na insistência de se criar uma "culpa" frente a um ato julgado errado. Enquanto sintoma está longe de aceitar razoabilidade. Por outro lado, penso que o autor acima consegue de forma bastante pungente "tocar" e ser "tocado", antes de mais nada, por um ser humano em sofrimento.

5
O uso de testes psicológicos no auxílio ao diagnóstico diferencial

Os testes psicológicos são instrumentos de uso exclusivo do psicólogo para a realização de um diagnóstico psicológico[1]. Pode ser um recurso útil para o profissional psicólogo que necessite realizar um diagnóstico diferencial, principalmente em enquadres institucionais jurídicos (exame criminológico em prisões, perícia psicológica em vara cível, subsídio para laudo de cessação de periculosidade em manicômio judiciário, avaliação inicial de educandos na Febem, etc.).

O teste psicológico pode servir como um bom "material intermediário" entre o profissional e o sujeito a ser avaliado. A justificação de seu uso pode ser dada explicando-se para o examinando que se trata de *um recurso que pode abreviar o tempo de contato necessário* para se conhecê-lo. Obviamente, um nível mínimo de cooperação é necessário para que o teste

1 Lei nº 4.119, de 27/08/62 – "Parágrafo 1º – Constitui função privativa do Psicólogo a utilização de métodos e técnicas psicológicas com os seguintes objetivos: A) diagnóstico psicológico; B) orientação e seleção profissional; C) orientação psicopedagógica; D) solução de problemas de ajustamento".

seja realizado (o que chamamos de um *bom rapport*). Ou seja, a pessoa *deve querer ser conhecida* pelo profissional. Daí a reserva quanto à possibilidade de uso destes instrumentos com psicopatas, uma vez que estes estão por definição "se escondendo". O desafio neste caso é poder interpretar por meio da "máscara de sanidade"[2] que o psicopata escolher usar. Para isto o dado do teste pode ser de grande valia.

Antes de entrarmos em tipos de testes e exemplos clínicos valeria a pena colocar algumas outras advertências.

Mencionei já a questão do *rapport*, condicionado à própria finalidade da avaliação. Rovinski (1998) alerta para as *distorções conscientes no fornecimento dos dados* tendo em vista não só o caráter coercitivo de avaliações no âmbito forense, como também a percepção que o examinando pode ter das vantagens e desvantagens associadas ao resultado do teste. Ela divide em duas categorias possíveis de distorção: *simulação* (quando o sujeito tenta fingir sintomas que não existem) e *dissimulação* (quando procura encobrir ou minimizar sintomas que existem). Entre estas duas possibilidades há uma infinidade de variações de condutas evasivas, defensivas e até mesmo rejeição da tarefa. Certa vez, ao atender um pai em avaliação pericial para sentença de guarda de filho, este trouxe à entrevista um minigravador. Sua justificativa é que eu não poderia estar usando "mal" nenhum dado ocorrido entre nós se ele tivesse a gravação de toda a interação. Esta conduta defensiva de tom paranoico ficou mais clara quando pude perceber em mim os mesmos receios: "O que me garante que você não adulterará a gravação a seu favor?

2 Referência a Cleckley (1951), "The mask of sanity", no sentido de o psicopata se esconder através de uma aparência de normalidade.

Portanto, eu também tenho de ter um gravador aqui com uma cópia para mim como segurança".

Psiquiatras como Pescor (1948) alertam que parte da confusão quanto à etiologia e ao diagnóstico da psicopatia se deve à simulação de insanidade com objetivo de escapar da punição pela lei, o que remete às consequências jurídicas de alguém ser classificado como *psicopata*[3].

Uma outra questão a ser considerada diz respeito à *comunicação ou não dos resultados* aos examinandos. Aqui tocamos no ponto da *devolutiva*[4] na prática de avaliações psicodiagnósticas (Ocampo, 1990). Obviamente, a questão de descortinar nossa opinião profissional não está adstrita ao resultado do teste, mas sim à conclusão final como um todo. Esta é uma questão polêmica dentro da área jurídica de atuação do psicólogo, e existem posicionamentos divergentes. Não é meu intuito avançar nesta questão, portanto delinearei tais posicionamentos tal como Rovinski procurou demarcar.

Segundo Jurema Cunha, em seu livro *Psicodiagnóstico-R* (1993), de maneira geral a devolutiva é da alçada de quem solicitou a avaliação (médico, juiz, etc.). Segundo o entendimento desta autora, o psicólogo não estaria se abstendo da tarefa, mas simplesmente encaminhando a mesma a "quem seria o verdadeiro receptor do processo" (p. 62). Em contraposição, Clemente (1995), em sua obra *Fundamentos de*

3 Vide nota 43.
Na época em que trabalhei no Manicômio Judiciário, hoje Hospital de Custódia e Tratamento Psiquiátrico Professor André Teixeira Lima, os psicopatas (ou "pepês", como era comum designá-los) eram pacientes indesejados na casa. O "pepê" era visto como *perigoso* e *manipulador*, ao contrário dos "laranjas", (o doente mental, propriamente dito). Acreditava-se também que um nível maior de segurança da instituição era necessário para contê-los, os semi-imputáveis eram invariavelmente enviados à Casa de Custódia de Taubaté.

4 Fase final do processo psicodiagnóstico na qual se *devolve* ao sujeito (examinando) a compreensão dos dados que se obteve durante tal processo.

la psicologia jurídica, defende que seria obrigação do profissional comunicar as informações obtidas sobre seus aspectos psicológicos durante a avaliação. Se nos referirmos ao Código de Ética Profissional dos Psicólogos (Conselho Regional de Psicologia, 1999), este não traz uma diretriz específica quando trata "Das relações com a Justiça" (área jurídica); porém, em seu artigo 23, 2º parágrafo, reza: "O psicólogo, quando solicitado pelo examinando, está obrigado a fornecer a este as informações que foram encaminhadas ao solicitante e a orientá-lo em função dos resultados obtidos" (p. 113). Parece-me que a formulação tal qual se apresenta deixa *opcional* a devolutiva de uma maneira geral, tornando-se *obrigatória* mediante solicitação explícita do examinando (independentemente de quem seja o solicitante da avaliação).

A questão principal na devolutiva reside no tipo de relação que une o profissional ao examinando. Tratando-se de uma relação de poder, coercitiva, decisiva para a obtenção de vantagens pessoais, toda pressão que o examinando puder fazer em benefício próprio será feita. Vimos como tal dinâmica ocorre com o psicopata. Sua alternância entre sedução e bajulação (trapaceiro) e intimidação (agressivo) são táticas frente à sua percepção do outro. Symington (1980) alerta-nos sobre a dificuldade de dizer "não" ao psicopata. O medo da vingança do psicopata leva frequentemente a algum tipo de *conluio* (Symington refere três formas de reação ao psicopata: conluio, descrença e condenação). Não é de se estranhar, portanto, a dificuldade de encararmos frente a frente o sujeito e "privá-lo de sua máscara de sanidade". Aqui deve ficar claro que o profissional *não deve fornecer as respostas esperadas ou os critérios de avaliação* do teste utilizado, porque inviabilizaria o futuro uso do instrumento. Já vivenciei várias situações nas quais, por meio de perguntas e indagações isoladas, procurava-se exatamente "conhecer o gabarito" ("Desenhar uma árvore sem raiz[5] é ruim, não é?" "Me contaram que não devo fazer pirâmides de uma só cor[6], principalmente com o ...", etc.). É preciso enfrentar a situação, e não se "esconder" atrás de um resultado de teste para justificar um parecer ou laudo. O teste nada mais é que um instrumento; o resultado está na dependência de quem o manipula, e a conclusão diagnóstica é a consequência final de um processo. Para quem assume este lugar frente a examinandos impulsivos, vingativos e intimidadores não há como não pensar em usar também *condutas psicopáticas*, evitando uma resposta clara e jogando com o outro. Mas se o profissional assim o fizer estará simplesmente se igualando e se defendendo do psicopata.

Questões técnicas: critérios para escolha e aplicação

Um teste não é uma "bola de cristal". É um instrumento construído por meio de pesquisas e refinado por meio de validações. É uma forma de obter uma medida objetiva e padronizada de uma amostra de comportamento. Não é por acaso que a testagem implica em procedimentos com regras e situações bem definidas, como também um código

5 Referência ao teste gráfico HTP de traços de personalidade, no qual se pede para desenhar uma casa, uma árvore e uma pessoa.

6 Referência ao Teste das Pirâmides Coloridas de Pfister, no qual se pede a construção de pirâmides com quadrículos coloridos. É um teste de personalidade.

operacional de tal forma que qualquer psicólogo examinador chegue ao mesmo resultado obtido por um outro psicólogo. (Vale lembrar que o *psicopata* apresentando uma dificuldade na simbolização e na fantasia tenderá a ver no teste algo "concreto" e não uma construção, uma leitura.)

Para realizar um diagnóstico diferencial de psicopatia o que nos interessa são os *testes de personalidade*. Por meio deles, podemos apreciar uma série de características, tais como ajustamento emocional, motivação, interesse e atitudes, relações sociais, traços de personalidade e sua dinâmica. Não existe um teste psicológico que faça um diagnóstico diferencial direto de psicopatia. Este quadro clínico é depreendido a partir de uma interpretação global que leve em conta, inclusive, os dados e a experiência transferencial-contratransferencial durante a entrevista.

Os testes sugeridos para auxiliar no diagnóstico de psicopatia, encontrados na literatura, estão entre os chamados *testes projetivos* (PMK, psicodiagnóstico miocinético; da técnica de Rorschach; e as pranchas do TAT, teste de apercepção temática). Encontramos também a proposta de utilização de um teste que entra na categoria de *questionário*, o Desiderativo.

Uma qualidade comum a todos estes testes é que são instrumentos *clínicos* nos quais o psicólogo se baseará no conhecimento da teoria na qual o eles se fundamentam e em sua experiência pessoal e profissional. Vale dizer que o enfoque psicanalítico que subsidia a leitura do teste deve ser coerente com a própria apreensão da teoria e técnica psicanalíticas de quem o utilizar e da compreensão dos diversos quadros clínicos que o profissional possui.

Cada autor propõe algum teste em particular para verificar a ausência/presença de determinada característica (impulsividade: "a ação como meio de descarga de tensões") ou a qualidade/tipo da "relação objetal" (predominância da libido narcisista sobre a objetal) e assim por diante, concluindo daí um diagnóstico de psicopatia, psicose etc.

Propostas

O TESTE DE RORSCHACH

A *técnica de Rorschach,* que consiste na apresentação de cartões com "borrões de tinta", solicitando respostas verbais do examinando sobre aquilo que "vê" neles, é um instrumento bastante valorizado no meio forense. Não é uma técnica de fácil aplicação ou análise. Ela é dispendiosa em termos de tempo, compensando pela profundidade das características de personalidade que são acessíveis. Encontramos em Adrados (1980) uma proposta de utilização deste instrumento associado ao PMK (psicodiagnóstico miocinético). O PMK é mais conhecido em nosso meio como o "teste do psicotécnico": consiste em realizar vários traçados com lápis e papel em uma mesa com anteparo e sem o controle visual. O PMK fornece indícios quanto à impulsividade e a direção da agressividade (hetero ou autoagressividade).

Esta autora parte dos ensinamentos de Mira y Lopes (1959)[7], que coloca uma ênfase no aspecto constitucional da psicopatia, pois "o verdadeiro psicopata independe do seu meio para apresentar distúrbios de personalidade... existe uma predisposição hereditária, uma maior suscetibilidade

7 Mira y Lopes, E. *Traitement des personnalités psychopathiques à l'aide des données du psychodiagnostic myocinetique.* In: *Bulletin de Psychologie*, v. 7, nº 1, 1959 (*apud* Adrados, 1980).

biológica para adoecer mentalmente" (p. 182-183). Psicopatia é entendida por esta autora como uma *anomalia de caráter*, não sendo nem neurose e nem psicose. Sua proposta é verificar:

1. "A fraqueza ou debilidade do *ego* e do *superego*.
2. O egocentrismo e imaturidade afetiva.
3. A forte instabilidade.
4. A baixa capacidade de crítica.
5. A ausência de conflito.
6. A ausência de angústia e de culpa".

Vejamos como identificar no método de Rorschach cada um desses traços:

1. O *ego* encontra-se representado na técnica de Rorschach, entre outras variáveis menos significativas, pelo número e qualidade dos perceptos G, pelo número e qualidade dos perceptos M, e pelo F + %.

   Um *ego* fraco apresenta G% abaixo do esperado. O número bruto aproxima-se, é igual, ou por vezes inferior a M. A percepção é predominantemente primária, banal, estereotipada. Repostas M, abaixo de três, nem sempre bem vistas; de conteúdo desvitalizado; costumam ser cinestesias passivas.

   O F + % abaixo de 75%.
2. A afetividade, quando aparece, é pobre, egocêntrica e mal-integrada, refletindo forte imaturidade.
3. A instabilidade emocional pode ser pesquisada pelo desequilíbrio encontrado entre M e FM, a favor do elevado número das últimas.
4. A falta de capacidade de crítica, talvez a variável mais discriminativa, manifesta-se pelo F + % baixo.

5. A falta de conflito pode ser estudada pela coerência das três fórmulas relativas ao tipo de vivência que, por sua vez, apontam o fator relativo ao item 6. Ausência de conflito.
6. Ausência de sintomatologia ansiosa pelo pequeno número de respostas de claro-escuro, especialmente os perceptos Fc, que representam a intelectualização da angústia originada pelo 'outro'.
7. O sentimento de culpa, por vezes, está presente, pois sendo a técnica de Rorschach um método profundo de investigação da personalidade, às vezes registra no pré-consciente intensos sentimentos de culpa.

(Adrados, 1980, p. 185-186)

Pope e Scott (1967), autores americanos, correlacionam aspectos do teste de Rorschach e do TAT enfocando: 1) pouca ligação com as pessoas; 2) impulsividade do comportamento e tendência à atuação.

Eles colocam como indicativo do primeiro item o desenvolvimento de respostas no Rorschach nas quais pessoas, animais e objetos possuem valores iguais. Ou seja, o paciente não dá indicações de que considera a figura humana com qualquer grau maior de profundidade ou sentimento do que consideraria animais ou objetos. O segundo item pode ser expresso no Rorschach por um conteúdo abertamente sexual e agressivo, sem aparente ambivalência ou hesitação, ou pela natureza vaga, pouco definida e pouco desenvolvida das respostas. Os autores veem aí a manifestação de respostas dadas de forma impulsiva com pouco trabalho cognitivo de modulação (aqui poderíamos dizer sem a mediação bem-sucedida do *ego*) ou controle (ação do *superego*).

O TAT

Antes de continuar, quero esclarecer que o TAT (Teste de Apercepção Temática) é um teste que se compõe de vinte quadros com diferentes ilustrações (com exceção da prancha que é totalmente branca) e com diferentes situações e figuras que se expõem ao examinando solicitando uma história a partir das próprias associações que os quadros evoquem. É um teste projetivo verbal de fácil aplicação.

Os mesmos autores sugerem procurar nas histórias se há uma marcada independência de um personagem de outra, ou uma extraordinária desconsideração em relação às consequências dos atos para os demais personagens ("Qualquer coisa é possível em termos comportamentais em relação aos outros, independentemente dos efeitos destrutivos que possa ter porque tais comportamentos são avaliados independentemente de seus efeitos nos outros" [p. 267]). Aqui, eu traduziria por um alto grau de *narcisismo* que leva o sujeito a desconsiderar o outro.

A seguir um exemplo de história de um homem de 28 anos, avaliado através da solicitação de membro de uma equipe médica de um hospital-escola na qual deu entrada por coma diabético. Trata-se da prancha que mostra uma mulher deitada nua em uma cama e um homem em pé próximo a ela.

> Ele pegou ela em algum lugar na rua e eles vieram para o quarto dele. Ela era uma prostituta. Digamos que agora é de manhã. Ela teve uma noite boa. Ela conseguiu muitos clientes. Talvez houvesse uma convenção na cidade e um monte de caras tinham dinheiro e ela ganhou muito dinheiro esta noite. Este cara estava dirigindo seu carro. Ele estava dirigindo e a viu na rua e combinou um michê. Ele a levou ao seu quarto. Ele transou com ela e esfaqueou a moça. Não... vamos dizer que

> era o quarto dela. Ele vai levar o dinheiro. Ele está pensando onde ela poderia ter escondido mais. E então ele vai embora. É o fim. [O que vai acontecer com ele depois disto?] Nada. Este é o fim da história. Digamos que depois de três dias um dos seus clientes vem e acha ela lá. A polícia vai interrogá-lo sobre o assassinato e talvez ele seja indiciado. (p. 271)

Pope e Scott destacam deste exemplo os seguintes elementos: a desumanização da relação sexual, com uma desconsideração com a figura do outro; a falta de sentimento de culpa pelo assassinato; a figura com que o paciente se identifica não sofre nenhuma consequência pelo crime; o fato de um inocente levar a culpa é indiferente; e não ocorre ao paciente terminar a história, fazendo apenas por provocação ao examinador. Mais tarde, descobriu-se que o sujeito provocava deliberadamente o quadro a fim de ser objeto de cuidados médicos, conseguindo a partir disto outras vantagens.

O QUESTIONÁRIO DESIDERATIVO

Garcia Arzeno, psicóloga argentina que trabalhou com Ocampo (1979), propõe, em seu trabalho publicado aqui em 1995, a aplicação do *Questionário Desiderativo*, citando alguns indicadores para examinandos psicopatas. O Desiderativo é uma prova de fácil aplicação. Como seu próprio nome diz, está relacionada com "desejo", "aspiração". A sua aplicação consiste em perguntar ao sujeito o que ele mais gostaria de ser se não fosse pessoa e solicita-se a explicação do porquê. Em seguida, pergunta-se mais duas vezes até conseguir três escolhas correspondentes ao reino animal, ao reino vegetal e a algo inanimado. Pergunta-se ao sujeito, posteriormente, o que, ao contrário, menos gostaria de ser e a razão, obtendo-se três escolhas correspondentes aos três reinos acima citados. Registram-se os tempos de reação (quanto tempo demora para dar a resposta), os comentários prévios, posteriores ou entremeados com as respostas. Também seus gestos e o comportamento geral.

A compreensão do teste, na proposta desta autora, está associada à *teoria psicanalítica kleiniana* de que cada resposta almeja a um item específico.

1+ Expressa o Ideal do *Ego*.

Simbolicamente mostra as figuras de identificação mais fortes.

Expressa o que o paciente precisa para obter a completude narcísica.

Também a relação objetal idealizada ou benéfica e o tipo de defesa privilegiada pelo *Ego*.

2+ Outras defesas possíveis às quais o *Ego* apelaria se não pudesse utilizar a primeira e sempre com o objetivo de evitar a morte.

3+ (aniquilação-castração).

1– Expressa o Ideal Negativo do *Ego*, o que mais ataca a obtenção da completude narcísica, as relações objetais mais persecutórias ou danosas. Aquilo do que quer desembaraçar-se primeiro para proteger o *Ego*.

2–/3– Outros aspectos negativos dos quais deseja se desprender.

Estes três últimos itens expressam também o preço que o *Ego* paga pelas defesas que usa. Por exemplo: “Ser um camalote, flutua”; “Não ser uma enredadeira”. O paciente procura independência total mas terá dificuldades para "fixar raízes" e depender quando necessário.

1+ Geralmente é o que mais se opõe a 1–, mas às vezes é a 3–. Quanto maior for a distância entre 1+ e 1– (ou 3–), maior é a fragilidade *egoica* e também maior é o perigo de um colapso narcisista (H. Bleichmar) se falhar 1+. (Garcia Arzeno, 1995, p. 243)

Fica claro, pela discriminação dos significados de cada resposta, que o teste, na leitura proposta por Garcia Arzeno, permite investigar as identificações, vínculos e desejos inconscientes por meio do mecanismo de identificação projetiva, descrita por Melanie Klein. A autora adverte que, em uma bateria de testes, este não deve ser nem o primeiro e nem o último. Sugere como complemento para o teste de Rorschach ou de Phillipson[8].

Quando há suspeita de que o examinando é *psicótico*, este teste *não* deve ser utilizado. Como explica Garcia Arzeno, "o psicótico não consegue 'brincar' de ser outro devido ao predomínio do pensamento concreto. Portanto, se o teste lhe propõe o que ele 'desejaria ser', isto se transforma em 'ser' com o consequente terror à despersonalização, etc.". Portanto, este teste deve ser utilizado para auxiliar no diagnóstico diferencial entre o *neurótico* e o *psicopata.*

As respostas positivas devem chamar nossa atenção se forem "sadias demais". O psicopata sabe o que buscamos e tentará encontrar respostas adequadas. Um protocolo, como coloca Garcia Arzeno, "impecável" é suspeito. (Exemplos

8 Teste das relações objetais de Phillipson.

que a autora cita: "Um cachorro, é o fiel amigo do homem". "Uma árvore, dá sombra". "Um relógio, é útil").

Frente a estas respostas de "normalidade excessiva", as respostas negativas podem ser mais úteis para a investigação. Segundo a lógica do teste, esperaríamos que ideais e valores com os quais o *ego* se identifica aparecessem nas respostas positivas (ideal do *Ego*). Portanto, os adjetivos e qualificativos escolhidos nas respostas positivas são *egossintônicos*. Seguindo este mesmo raciocínio, as repostas negativas apontam para as características do que se quer "desembaraçar", livrar-se. São *egodistônicas*.

A autora alerta para uma qualidade especial das respostas negativas no psicopata: aquilo que ela chama de respostas que têm um efeito "bumerangue". Em suas palavras: "ou seja, quando ele diz: 'Não gostaria de ser... porque...' se complementaria com: 'Se estivesse do seu lado e você do meu, você não gostaria de ser... porque...'. Isto significa que deve-se lidar constantemente com a identificação projetiva indutora própria do psicopata" (p. 244)". Esta observação correlaciona-se com o que diz Liberman (1966) quando aponta para o uso que se faz do outro numa manipulação psicopática. O outro é usado como "prolongamento" de si, e a identificação projetiva tem a função de permitir que o psicopata capitalize o ideal do *ego* do outro. (O psicopata faz o outro sentir o que não pode, ou, ao inverso, utiliza do que conclui que o outro sente para preencher uma lacuna em si próprio).

Um outro parâmetro na análise das respostas é o *tipo de relações objetais*. Garcia Arzeno chama a nossa atenção para a modalidade de libido na relação com o outro, expressa pelo teste. Isto nada mais é do que o que mencionei acima, em relação ao TAT, do quanto o outro é considerado em seu narcisismo próprio ou não. Procura-se depreender se há uma *relação objetal narcísica*, na qual o outro existe para a satisfação das próprias necessidades, sejam elas quais forem. Num quadro neurótico, esperaríamos um predomínio da *libido objetal*, no qual o outro entraria em algum tipo de relação de *necessidade mútua*, de *complementação* e de *benefício mútuo*. A autora dá como exemplo de protocolo em que predomina a libido narcisista.

> O ar, todos precisam dele.
> Uma camélia, é bonita, decorativa.
> Um quadro famoso, todos querem vê-lo.
> Um gato, sabe se virar sozinho.
> Não uma trepadeira, sempre precisa de apoio.
> Não uma cadeira, sentam-se em cima dela.
> Não um cachorro, de tão bom é tolo, chora se ficar só.
> (p. 245)

Observam-se respostas que privilegiam a característica de ser imprescindível, ser admirado e ser famoso, contrapondo-se às características opostas de dependência de algo ou alguém, e quando se é útil para alguém (cadeira) isto é sentido como depreciativo. Estas respostas apontam para fortes sentimentos de insegurança.

As autoras Schust e Piccolo (1970), que trabalham no mesmo referencial que Garcia Arzeno, apresentam um quadro por características, tipo de defesa e características dos símbolos negativos.

> "Características do Quadro de Psicopatia":
>
> 1. Aparece o outro como depositário do modo, da ideia etc. Depositário do aspecto sensível do próprio *ego*.

2. Vínculo: 'penetrando no outro para' (Geralmente pássaro de rapina porque é forte, temido e domina. Acentuando a invasão e o submetimento) (p. 91).

3. Dificuldades de ajuste às instruções e invasão com perguntas ao entrevistador.

4. Onipotência manifesta.

5. Incapacidade para fazer síntese.

6. Incoerência entre o símbolo escolhido e o que lhe é atribuído. Generalização a partir de elementos parciais.

7. Objetos em movimento evacuativo (acentuando a força e o poder invasor do objeto).

DEFESA:
Identificação projetiva evacuativa ou indutora.

Características dos símbolos negativos:

1. Através de objetos que são poderosos, onipotentes e provocam pânico e submissão nos outros etc. Predomina como vínculo a submissão do outro através do medo; por exemplo: 'Leão, porque todos os animais se aterrorizam com seus rugidos. Bem, por algum motivo é ele o rei'.

2. Ou então se explicita por meio de símbolos, inócuos em si, a técnica de penetração no outro. Por exemplo: 'Gostaria de ser uma *trepadeira de um galho só*, parece mentira como

se estende, penetra e envolve tudo, uma coisa aparentemente tão pequena pode dominar, gosto da facilidade de crescer que ela tem, me deslumbra porque ninguém pode imaginar que isto, tão pequenininho, tão frágil, possa tanto'.

3. Nos movimentos ou nas funções corporais são propensos a inocular ideias ou sentimentos no outro, a fim de paralisá-los e dominá-los. Por exemplo: o rugido do leão no primeiro exemplo ou o crescimento da planta trepadeira no segundo.

Em produções psicopáticas, podem aparecer rejeições dos mesmos símbolos escolhidos nas catexias positivas. Geralmente, isto surge num clima de onipotência e dissimulação, e tem por finalidade (diferentemente da neurose obsessiva) confundir o entrevistador e atacar projetivamente sua capacidade de compreensão e síntese". (p. 89-90)

A utilização de testes em um caso clínico

Ilustrarei o uso de testes psicológicos por meio de uma avaliação psicológica solicitada para subsidiar processo judicial. Por se tratar de um menor, o diagnóstico de *psicopatia* não seria aplicado. No entanto, como há uma grande convergência de sintomas e de etiologia na categoria de Transtorno da Conduta (DSM-V, 2014, p. 470 a 476.), acho por bem apresentar tal caso como ilustrativo de muitos mecanismos e defesas que encontramos associados à condição psicopática.

Este caso foi atendido por mim em 1994 na Clínica de Tavistock (Londres). Eu estava realizando um estágio como Associado Clínico no Departamento de Crianças e Famílias da Tavistock. Dentre as atividades de que participei, contava a realização de avaliações para o tribunal compondo uma equipe especialmente formada para isso (Forensic Team). Esta equipe multiprofissional (psiquiatras, psicólogos e assistentes sociais) centralizava as demandas judiciais para a Clínica e aceitava os casos encaminhados por diferentes fontes em função do interesse pedagógico/científico.

Este é o caso de Malcom, menino magro, aparentando menos idade do que tinha (d. n. 13.06.82). Era um menino fisicamente atraente, com capacidade de interagir de forma amigável e lúdica. Por outro lado, possuía um lado ameaçador e sombrio. Revelou na interação comigo uma facilidade no contato e afabilidade, o que contrastava com as queixas a seu respeito, que redundaram na colocação em lar substituto (indisciplina, falta à escola, furto, piromania). Como antes da aceitação do caso seu processo judicial foi estudado, à medida que fui sabendo de todos os seus atos antissociais me vi com um certo receio em atendê-lo; minha expectativa era de encontrar um "delinquente", um "pepê". Aceitei participar com dúvidas sobre "o interesse pedagógico" que tal caso pudesse ter.

A avaliação havia sido solicitada pela assistente social encarregada de sua colocação, bem como pela *Guardian ad Litem*[9] que acompanhava o processo. A minha avaliação, junto com outro laudo psiquiátrico, determinaria a continuação do esquema atual de tratamento ou não e se seria indicado algum tipo especial de escola para Malcom, visto que não se queria que ele interrompesse seus estudos.

9 Dentro do Sistema Judiciário Inglês, designa-se a pessoa especialmente apontada pela Corte para investigar e fazer recomendações segundo a diretriz de zelar pelo melhor interesse da criança. Trowell, J.; King, M. *Children's welfare and the law – The limits of legal intervention.* London, Sage Publications Ltda., p. 10, 1993.

A avaliação foi solicitada depois de um período em que esteve sob o cuidado de uma família substituta.

O trabalho foi planejado e executado pelo grupo, composto por psiquiatras, psicólogos e assistentes sociais, todos com formação psicanalítica.

Houve uma entrevista individual da psiquiatra com Malcom, gravada em videoteipe e assistida pelo restante da equipe. Houve uma entrevista familiar, conduzida pela psiquiatra e por mim, com a mãe (34 anos), a irmã (treze anos), a irmã caçula (de meses) e Malcom. Ele conheceu a irmã caçula nesta sessão, uma vez que estava fora de casa quando ela nasceu. A entrevista foi filmada e assistida pelos demais membros da equipe. Posteriormente, foi realizada a primeira entrevista individual de Malcom comigo. Eu tive mais dois encontros subsequentes a fim de completar a avaliação psicológica.

Esclareço que escolhi aplicar um teste de inteligência (WISC-III UK) porque um dos itens da avaliação era verificar a possibilidade de Malcom frequentar uma escola regular ou se ele precisaria de algum estabelecimento especial.

É interessante notar seu desempenho no *teste de inteligência*. O WISC é um teste conhecido de inteligência, utilizamos a versão III, padronizada para a população inglesa. Este teste se compõe de vários subtestes que se dividem em dois tipos de habilidades: de execução e verbal. Existe uma pontuação para cada tipo de habilidade, sendo que a somatória dá o nível de inteligência global. Malcom obteve QI 88 no verbal e 105 no de execução – QI 95 seria a pontuação média final.

A grande diferença entre as duas pontuações coloca em dúvida a média final. À época, especulei que houvesse a intervenção de fatores emocionais não específicos influindo no seu desempenho. A partir de outros dados clínicos obtidos em avaliações de sujeitos com o mesmo perfil pudemos levantar outras questões.

O seu desempenho na parte verbal ficou aquém do esperado para a sua idade. Malcom revelou uma falta de conhecimento das palavras e de seus significados. Apresentou também uma falta de crítica quanto ao seu resultado, não percebia ou não admitia seu erro não deixando de responder a nenhuma das perguntas até a descontinuação da aplicação pelo critério de erros. Este dado encontra similaridade com o que apresentam Pope e Scott (1967) quando refere que a atitude do sujeito exemplificado anteriormente frente ao teste de inteligência era de "autoconfiança, independentemente de sua *performance*". Da mesma forma, Malcom não mostrava hesitação em qualquer momento, mesmo que ele não soubesse a resposta certa. Se soubesse tudo bem; se não, "chutava".

Observei durante a interação que a *ansiedade pelo erro* e *a necessidade de controle* ficaram comigo, enquanto aplicador. À época da avaliação, este dado não parecia relevante. Tal situação parecia "natural" pelo fato de que eu não estava familiarizado com o teste *em inglês*, o que me demandou um tempo de "ensaio" para a aplicação, revisando os critérios de pontuação, a forma de dar a instrução, treinando a pronúncia correta das palavras, etc. O uso do outro como continente de sentimentos e preocupações é um traço característico do psicopata. É um bom indicativo para o próprio diagnóstico diferencial. Naquele momento, no entanto, só tinha cabeça para pensar que o WISC avaliava a *minha inteligência* em dominá-lo suficientemente bem para aplicá-lo decentemente.

Utilizei nessa avaliação o TAT, que permitiu uma leitura dinâmica de aspectos da personalidade de Malcom, realçando mecanismos e estados afetivos específicos.

Características específicas a partir da análise do TAT

1. Histórias apresentam enredos que desconsideram a realidade da situação. Presença acentuada de soluções mágicas, fantasiosas e fantásticas.

2. Uso acentuado da primeira pessoa (eu) na construção das histórias (em 8 das 10 pranchas). Narcisismo.

3. Confusão quanto à identidade sexual (personagens femininos eram nomeados como masculinos; personagens masculinos "se tornavam" femininos ao longo da história).

4. O tema mais comum das histórias é "tédio" (quatro histórias).

5. Perigo: a visão de mundo em que os outros estão espiando, "tirando sarro" ou esperando para armar alguma.

DEPRESSÃO na Figura 4: Uma mulher enlaça um homem, cujo rosto e corpo estão desviados dela, como se ele tentasse afastá-la.

> ... pode ser uma história curta?... Um dia, eu estava tão *deprimido* que pensei: "Ninguém para conversar, eu quero ir para o *pub* para encontrar alguém com quem conversar". Mas para a minha surpresa, o *pub* estava fechado. E eu disse para mim: "Fechado?! A esta hora? *Alguém deve estar tirando uma da minha cara*". E então, eu ouvi um tiro de revólver e então eu arrombei a porta e fui ver o que era. E a pessoa era um

> corpo morto no chão. Aí eu ouvi outro tiro. Não era um assassinato. Era alguém tentando arrombar a porta. E esta mulher tentou me impedir. Ela era alta, morena e muito bonita, de olhos castanhos. E ela estava tentando me impedir e eu disse: "Tá bem. *Eu* vou parar". Mas então, alguém atirou nela. E *eu* pensei: "*Eu* tive o suficiente por um dia". *Eu* vou para casa. E *eu* adormeci.

Nesta história, o *tédio* aparece enquanto depressão e a busca do outro para eliminar esta sensação de depressão. Toda a história gira em torno de si. Há também uma *desconsideração com o outro,* quer seja o morto, o assassino ou a mulher que tenta impedi-lo. A solução para a história é acabar com todo mundo. Tudo acontece como se fosse um sonho, mas não é. A história fica sem fim. Há uma desconsideração patente com as demais pessoas envolvidas.

PERIGO na Figura 8 RH: Um adolescente olha diretamente para fora do quadro. O cano de um rifle é visível a um lado e, ao fundo, a cena nebulosa de uma operação cirúrgica, como a imagem de uma divagação.

> ... isto é uma cirurgia ou um *assassinato*... Um dia, este homem chamado Bill está andando pela estrada e ele viu este homem. E aí este homem perguntou a ele se ele faria um *assalto a banco* para ele. E ele disse: "Ok, Eu o farei contanto que eu leve algum dinheiro". E o outro homem disse: "Ok. então faça". Então, depois que ele tinha roubado o banco, o homem disse a ele para vir para sua casa. Então, ele veio. E quando ele foi para a casa dele, *deram-lhe pílula de dormir* sem que ele soubesse. E quando ele adormeceu, eles abriram sua barriga e puseram

> as joias e o dinheiro dentro e costuraram de volta. E então, eles o prenderam. E para sorte dele, um dos policiais quebrou sua costela. Ele é sortudo porque quando eles tiraram raio X, eles viram as joias e o dinheiro e quase não acreditaram no que viram. Então, *eu* peguei as joias e deixei-o ir porque ele não podia colocar as joias em seu estômago por conta própria.
>
> – Quem é o Bill? É o homem deitado.
>
> – Quem é este da frente (o menino)? É o policial.

Destaco nesta história o seu caráter sombrio: o mundo é visto sob a ótica de ladrões e assassinos. Ao final, Malcom "assume" a identidade do policial, apenas para se revelar um outro aproveitador ("eu peguei as joias"). No fim, o policial/Malcom é também o juiz que libera o outro baseado num argumento que muda o foco quanto à sua culpabilidade (roubo a banco).

TÉDIO na Figura 16: Um menino sentado na soleira da porta de uma cabana de madeira.

> Um dia, em um belo dia ensolarado, fui brincar com os meus amigos mas eles não estavam lá. Então, eu tentei fazer alguma outra coisa mas eu não pude, e eu fiquei muito *entediado*. Eu não sabia o que fazer quando de repente eu tive esta ideia. Eu fui para o depósito de lixo e peguei um carrinho feio. E eu o reconstruí e comecei a dirigi-lo pela floresta e eu não fiquei mais com *tédio* pelo resto do dia.

Nesta história, destaco o tema central: tédio. Para fugir desta sensação, a saída é buscada em uma ação com características *onipotentes* (transformar lixo em veículo de entretenimento). Chamo a atenção para o caráter singelo e infantil do enredo. O "carrinho feio" abandonado em um depósito de lixo leva a pensar em sua *identificação* com alguém que também foi abandonado (pela mãe) e tratado como um "patinho feio" (minha irmã é acolhida enquanto eu sou rejeitado). O "feio" e o "lixo" remetem a signos indicativos de uma baixa autoestima.

Procurei, neste exemplo, ilustrar alguns dos mecanismos que vinha descrevendo, bem como a utilização de alguns testes para a verificação dos mesmos.

6
Questões éticas e suas implicações sociais

Lidar com o psicopata é lidar com a problemática ética da conduta. Diante de um indivíduo que parece encarnar o "mal absoluto", ficamos frente a frente com as nossas próprias tendências psicopáticas.

Temos como exemplo disto, que se reatualiza na situação de atendimento, o tratamento compulsório, ou a técnica de manipulação de Aichhorn. Podemos realmente tratar de alguém contra sua própria vontade? Há possibilidade de uma recuperação nas diversas instituições correcionais e prisionais onde encontraremos o psicopata? Não existem respostas fáceis a estas questões; para alguns, não existe nem uma resposta afirmativa possível. Vimos que a possibilidade de uma intervenção via psicanálise nas instituições jurídicas existiu praticamente desde os seus primórdios. O desafio continua em aberto aos psicanalistas que aceitarem atuar em tais instituições.

Já nos afastamos bastante de uma proposta como a de Zulliger, que acreditava que a única forma de lidar com tais pessoas seria o banimento. Enviá-los a algum lugar distante e inóspito, onde as próprias dificuldades da vida levariam a uma forma de superação ou então ao perecimento. Quem cita tal comentário é Wittels (1938), que, fazendo a devida ressalva de que se tratava mais de um desabafo do educador do que de uma sugestão propriamente dita, aludia ao envio de criminosos pelos ingleses para a Austrália. A história não teria se repetido no Brasil dos degredados e criminosos enviados de Portugal?

Poder-se-ia perguntar se uma sociedade que se utiliza de tais meios é moralmente correta. A pátria-mãe não repetiria no nível social o mesmo abandono da mãe natural?

Para além da questão ética na clínica, está uma preocupação das condições mesmas para que as tendências antissociais não proliferem. Como já perguntava Winnicott em 1950: "... qual é a proporção de indivíduos antissociais que uma sociedade pode conter sem que a tendência democrática submirja?" Segundo a análise de Winnicott, a democracia pressupõe indivíduos que tenham alcançado certo nível de maturidade para que não caiam nem na transgressão e nem na aceitação incondicional da autoridade. Para Winnicott, existe o *antissocial oculto*[1], aquele que segue sem questionar o que dita a autoridade, sendo tão daninho para o sistema social quanto o abertamente transgressivo.

Paul Babiak (1995), que é um pesquisador e não um psicanalista, levanta uma questão que me parece válida para pensar e concluir este trabalho sobre a psicopatia. Ele chama a

1 "Em uma sociedade, em qualquer período, se houver uma quantidade X de indivíduos que mostram sua falta de senso social desenvolvendo uma tendência antissocial, haverá uma quantidade Z de indivíduos que reagem à insegurança interior por meio da tendência alternativa – a identificação com a autoridade. Isto é doentio, imaturo, pois não é uma identificação com a autoridade que surge da autodescoberta. É um sentido de moldura sem sentido de pintura, um sentido de forma sem retenção da espontaneidade. Esta é uma tendência pró-sociedade que é anti-individual. As pessoas que desenvolvem desse modo podem ser chamadas de 'antissociais ocultas'" (Winnicott, 1950, p. 188).

atenção para a existência de sujeitos que tenham as características da personalidade psicopática sem a típica progressão de um comportamento cada vez mais antissocial e desviante, por ele denominado "psicopata subcriminal" (ou *industrial psychopath*). Considero que existem indivíduos como Jimmy e Jonathan, que, sem estarem em análise, encontram-se no mercado de trabalho sem que tenham caído na delinquência propriamente dita, como também assinala B. Joseph.

Babiak alerta para o fato de que há uma grande probabilidade de indivíduos com habilidades manipulativas entrarem em uma empresa, se se considerar que profissionais de recursos humanos não estão treinados a identificar tais indivíduos. A aparência de um certo grau de inteligência e o charme excepcional podem, de fato, fazer com que ele seja considerado o "candidato ideal".

O segredo do sucesso do psicopata profissional bem-sucedido é a discrepância das percepções a seu respeito entre os diferentes membros da organização (para uns, rude, imaturo, autocentrado, não confiável e irresponsável; para outros, brilhante, ambicioso, criativo).

A técnica de galgar postos dentro da empresa mostra certas "estratégias" específicas: 1. construção de relacionamentos em base individual (um por um) com pessoas úteis e poderosas; 2. evitação de situações de grupo pela dificuldade de manutenção da fachada para muitos; 3. criação de conflitos entre os colegas que então não dividem suas informações sobre ele (garante-se a base de poder); 4. colegas não úteis são abandonados; 5. competidores são neutralizados por um incitamento à dúvida quanto à competência e lealdade dos mesmos.

Babiak baseia sua pesquisa em um estudo comparativo de casos. Muito embora sua pesquisa seja sujeita a críticas, ele se pergunta até que ponto os fatores culturais e históricos não propiciam o sucesso de tais indivíduos. Afinal, diz ele, a empresa proporciona um ambiente de falta de confiança em organizações que estão em rápida e caótica mudança e que não possuem um sistema de aferição do desempenho.

Vindo de outro lado, encontramos em Richard Sennet (1999) um alerta complementar. Em seu livro mais recente, *A corrosão do caráter – Consequências pessoais do trabalho no novo capitalismo*, ele chama a atenção para o processo de desvalorização do trabalho na forma de uma "carreira" (canal para as atividades econômicas de alguém durante a vida inteira) em favor do "job" (serviço ou emprego no sentido de algo em blocos, partes de trabalho no curso de uma vida).

Analisando o sistema de poder que se esconde nas modernas formas de flexibilidade, Sennet discrimina três elementos principais: 1. A reinvenção descontínua de instituições (a mudança flexível que ataca a rotina burocrática busca reinventar as instituições para que o presente se torne descontínuo com o passado). Por meio do *SIMS* (programas de computador que padronizam os procedimentos operacionais), do *delayering* (remoção de camadas), no qual se oferece a um menor número de administradores o controle sobre um maior número de subordinados, da *desagregação vertical*, que dá aos membros de um grupo de trabalho múltiplas tarefas a cumprir sem uma autoridade central (práticas conhecidas como *reengenharia*). 2. A especialização flexível da produção, por meio da qual se tentam por, de modo cada vez mais rápido, produtos variados no mercado. As organizações trabalham com "ilhas de produção" em vez de linhas de montagem, para atender rapidamente a mudança de demanda. O efeito mais visível é mudar a tarefa semanal ou até diária da rotina dos trabalhadores. 3. A concentração sem centralização (o que poderia ser um paradoxo), que estimula a ideia de que há uma descentralização do poder, dando às pessoas nas categorias inferiores mais controle sobre suas atividades. "O controle pode ser estabelecido instituindo-se metas de produção ou lucro para uma ampla variedade de grupos na organização que cada unidade tem liberdade de cumprir da maneira que julga adequada. Essa liberdade, no entanto, é especiosa... A estrutura permanece nas forças que impelem as unidades ou indivíduos a realizar; o que fica em aberto é como fazer isso, e o topo da organização flexível raras vezes oferece as respostas. 'Concentração sem centralização' é uma maneira de transmitir a operação de comando numa estrutura que não mais tem a clareza de uma pirâmide – e a estrutura institucional se tornou mais complexa, não mais simples" (p. 65).

Todas estas mudanças levam o indivíduo a ter que se desprender do próprio passado, mantendo a confiança para aceitar a fragmentação. Como isto poderia levar a um sentimento de autoestima baseado nos valores éticos que atribuímos aos nossos desejos e às nossas relações com os outros? A formação daquilo que se chama *caráter* (traços sociais a que damos valor em nós mesmos, e pelos quais buscamos que os outros nos valorizem) depende de uma experiência emocional a longo prazo; é expresso pela lealdade, pelo compromisso mútuo, pela busca de metas a longo prazo e pela prática de adiar a satisfação em troca de um fim futuro. Sennet se pergunta se as condições do trabalho, pelo menos para uma grande parcela de pessoas, não caminham para um cenário muito pouco alentador. Para o psicopata (sem caráter por definição), este ambiente não seria exatamente aquilo que Babiak chama como mais propício para seu sucesso? Ou, invertendo esta lógica, trabalhando em tais condições não estaremos sujeitos a nos valermos cada vez mais de tendências psicopáticas, ignorando as consequências morais de nossas ações?

Sennet vê uma fragmentação do tempo narrativo na vivência dos trabalhadores que são "engolidos" pelo sistema e depois descartados. O traumático estaria justamente na impossibilidade de o eu identificar-se com o passado e projetar-se no futuro. O regime flexível parece gerar um caráter constantemente "em recuperação". A cura deste trauma, que Sennet observa acompanhando as reuniões de ex-empregados demitidos da IBM, estava na ideia de comunitarismo – sentir-se parte de um "nós" –, no qual o sentido nasce de uma narrativa compartilhada. Parece-me que um paralelo pode ser estabelecido com o próprio trauma do psicopata mentiroso demonstrado por C. Bollas. Era a falta de uma "voz" que unificava a experiência do *self* que levou à criação de um falso *self*, de uma identidade falsa. Não seria no mínimo preocupante que situações sociais pudessem reproduzir tal estado de coisas?

Talvez eu esteja especulando demais para além de minha área de competência. Mas, como disse, tais preocupações derivam de uma prática e de uma ética que devem sempre acompanhar nossas reflexões. Espero ter contribuído para uma melhor apreciação da condição psicopática, seus limites, impasses e desafios.

Apêndice

CRITÉRIOS DIAGNÓSTICOS

TRANSTORNO DA CONDUTA (DSM-V, 2014, P. 470-471)

A. Um padrão de comportamento repetitivo e consistente no qual são violados direitos básicos de outras pessoas ou normas ou regras sociais relevantes e apropriadas para a idade, tal como manifestado pela presença de ao menos três dos 15 critérios seguintes, nos últimos 12 meses, de qualquer uma das categorias adiante, com ao menos um critério presente nos últimos seis meses.

AGRESSÃO A PESSOAS E ANIMAIS

1. Frequentemente provoca, ameaça ou intimida outros.
2. Frequentemente inicia brigas físicas.
3. Usou alguma arma que pode causar danos físicos graves a outros (p. ex., bastão, tijolo, garrafa quebrada, faca, arma de fogo).

4. Foi fisicamente cruel com pessoas.
5. Foi fisicamente cruel com animais.
6. Roubou durante o confronto com uma vítima (p. ex. assalto, roubo de bolsa, extorsão roubo à mão armada).
7. Forçou alguém a atividade sexual.

DESTRUIÇÃO DE PROPRIEDADE

8. Envolveu-se deliberadamente na provocação de incêndios com intenção de causar danos graves.
9. Destruiu deliberadamente propriedade de outras pessoas (excluindo provocação de incêndios).

FALSIDADE OU FURTO

10. Invadiu a casa, o edifício ou o carro de outra pessoa.
11. Frequentemente mente para obter bens materiais ou favores ou para evitar obrigações (ex., "trapaceia").
12. Furtou itens de valores consideráveis sem confrontar a vítima (ex., furto em lojas, mas sem invadir ou forçar a entrada; falsificação).

VIOLAÇÕES GRAVES DE REGRAS

13. Frequentemente fica fora de casa à noite, apesar da proibição dos pais, com início antes dos 13 anos de idade.
14. Fugiu de casa, passando a noite fora, pelo menos duas vezes enquanto morando com os pais ou em lar substituto, ou uma vez sem retornar por um longo período.
15. Com frequência falta às aulas, com início antes dos 13 anos de idade.

B. A perturbação comportamental causa prejuízos clinicamente significativos no funcionamento social, acadêmico ou profissional.

C. Se o indivíduo tem 18 anos ou mais, os critérios para transtorno da personalidade antissocial não são preenchidos.

DETERMINAR O SUBTIPO:

312.81 (F91.1) Tipo com início na infância: Os indivíduos apresentam pelo menos um sintoma característico de transtorno da conduta antes dos 10 anos de idade.

312.82 (F91.2) Tipo com início na adolescência: Os indivíduos não apresentam nenhum sintoma característico de transtorno da conduta antes dos 10 anos de idade.

312.89 (F91.9) Início não especificado: Os critérios para o diagnóstico de transtorno da conduta são preenchidos, porém não há informações suficientes disponíveis para determinar se o início do primeiro sintoma ocorreu antes ou depois dos 10 anos.

ESPECIFICAR SE

Com emoções pró-sociais limitadas: Para qualificar-se para este especificador, o indivíduo deve ter apresentado pelo menos duas das seguintes características de forma persistente durante, no mínimo, 12 meses e sem múltiplos relacionamentos e ambientes. Essas características refletem o padrão típico de funcionamento interpessoal e emocional do indivíduo ao longo desse período, e não apenas ocorrências ocasionais em algumas situações. Consequentemente, para avaliar os critérios para o especificador, são necessárias várias fontes de informação. Além do autorrelato, é necessário considerar relatos de outras pessoas que conviveram com o indivíduo por longos períodos de tempo (ex. pais, professores, colegas de trabalho, membros da família estendida, pares).

Ausência de remorso ou culpa: O indivíduo não se sente mal ou culpado quando faz alguma coisa errada (excluindo o remorso expresso somente nas situações em que for pego e/ou ao enfrentar alguma punição). O indivíduo demonstra falta geral de preocupação quanto às consequências negativas de suas ações. Por exemplo, não sente remorso depois de machucar alguém ou não se preocupa com as consequências de violar regras.

Insensível - falta de empatia: Ignora e não está preocupado com os sentimentos de outras pessoas. O indivíduo é descrito como frio e desinteressado; parece estar mais preocupado com os efeitos de suas ações sobre si mesmo do que sobre outras pessoas, mesmo que essas ações causem danos substanciais.

Despreocupado com o desempenho: Não demonstra preocupação com o desempenho fraco e problemático na escola, no trabalho ou em outras atividades importantes. Não se esforça o necessário para um bom desempenho, mesmo quando as expectativas são claras, e geralmente culpa os outros por seu mau desempenho.

Afeto superficial ou deficiente: Não expressa sentimentos nem demonstra emoções para os outros, a não ser de uma maneira que parece superficial, insincera ou rasa (ex., as ações contradizem a emoção demonstrada; pode "ligar" ou "desligar" emoções rapidamente) ou quando as expressões emocionais são usadas para obter algum ganho (ex., emoções com a finalidade de manipular ou intimidar outras pessoas).

ESPECIFICAR A GRAVIDADE ATUAL:

Leve: Poucos, se algum, problemas de conduta estão presentes além daquelas necessárias para fazer o diagnóstico, e estes causam danos relativamente pequenos a outros (ex., mentir, faltar aula, permanecer fora à noite sem autorização, outras violações de regras).

Moderada: O número de problemas de conduta e o efeito sobre os outros estão entre aqueles especificados como "leves" e "graves" (ex., furtar sem confrontar a vítima, vandalismo).

Grave: Muitos problemas de conduta causam danos consideráveis a outros (ex., sexo forçado, crueldade física, uso de armas, roubo com confronto à vítima, arrombamento e invasão).

Referências bibliográficas

ABADI, S. Sem morrer nem vingar-se (sobre os destinos da agressividade). In: OUTERAL, J. & ABADI, S. (Org.) *Donald Winnicott na América Latina*: teoria e clínica psicanalítica. Rio de Janeiro: Revinter, 1997.

ABRAHAM, K. The history of an impostor in the light of psychoanalytical knowledge. *Psychoanalytic Quarterly*, v. 4, p. 570-587, 1935.

ACKERMAN, N. (1961) *Diagnóstico y tratamiento de las relaciones familiares*: psicodinamismos de la vida familiar. Buenos Aires: Hormé, 1974.

ADRADOS, I. *Manual de psicodiagnóstico e diagnóstico diferencial*. Petrópolis: Vozes, 1980.

ALEXANDER, F. The need for punishment and the death instinct. *The International Journal of Psychoanalysis*, v. 10, p. 256-269, 1929.

ALEXANDER, F. G. & HEALY, W. Un favorito de las mujeres. *Revista de Psicoanálisis*, v. 3, p. 278-98, 1945-46.

ALEXANDER, F. G. & SELESNIC K, S. T. (1966) *História da psiquiatria*: uma avaliação do pensamento e da prática psiquiátrica desde os tempos primitivos até o presente. São Paulo: IBRASA, 1980.

ASSOCIAÇÃO PSIQUIÁTRICA AMERICANA DSM-IV: Manual diagnóstico e estatístico de transtornos mentais. Porto Alegre: Artes Médicas, 1995.

______. DSM-V: Manual diagnóstico e estatístico de transtornos mentais. São Paulo: Artmed, 2014.

BABIAK, P. When psychopaths go to work: a case study of an industrial Psychopath.

Applied Psychology: An International Review, v. 44, p. 171-188, 1995.

BERGERET, J. *A personalidade normal e patológica*. Porto Alegre: Artes Médicas, 1998.

BERGLER, E. Suposiciones sobre el "mecanismo de criminosis". *Revista de Psicoanálisis*, v. 3, p. 65-99, 1945-46.

BERNABEU, E. P. Underlying ego mechanisms in delinquency. *Psychoanalytic Quarterly*, v. 27, p. 383-396, 1958.

BETTELHEIM, B. & SYLVESTER, E. Delinquency and morality. *Psychoanalytic Study of Child*, v. 5, p. 329-342, 1950.

BITTENCO URT, R. S. O problema do conceito de personalidade psicopática. *Boletim do Instituto de Psicologia*, v. 6, n. 11-12, p. 6-12, 1956.

BOLLAS, C. O mentiroso. In: *A sombra do objeto*. Rio de Janeiro: Imago, 1992.

BOX, S., COPLEY, B., MAGAGNA, J. & MOUSTAKI, E. (Org.) *Psicoterapia com famílias*: uma abordagem psicanalítica. São Paulo: Casa do Psicólogo, 1994.

BRASIL, Leis etc. Dispõe sobre os cursos de formação em Psicologia e regulamenta a profissão do psicólogo, Lei nº 4119 de 27 de agosto de 1962. *Manual do Conselho Regional de Psicologia de São Paulo*. São Paulo: Conselho Regional de Psicologia, p. 14-19, 1999.

BROMBERG, W. Dinamic aspects of psychopathic personality. *Psychoanalytic Quarterly*, v. 17, p. 50-70, 1948.

BUTCHER, J. N. *Psicologia do anormal*. São Paulo: Cultrix / Edusp, 1975.

CLECKLEY, H. M. The mask of sanity. *Postgraduate Medicine*, v. 9, n. 3, p. 193-197, 1951.

COLEMAN, J. C. *A psicologia do anormal e a vida cotidiana*. São Paulo: Pioneira, 1973; v. 2.

CONSELHO REGIONAL DE PSICOLOGIA DE SÃO PAULO *Manual do Conselho Regional de Psicologia de São Paulo*. São Paulo, 1999.

CONSELHO REGIONAL DE PSICO LOGIA – 6ª REGIÃO. *Normas para procedimentos de avaliação psicológica*. São Paulo, 1996 [mimeo].

COPIT, M. S. Quem conta um conto aumenta um ponto: a tendência antissocial. In: CATAFESTA, I. F. M. (Org.) *A clínica e a pesquisa no final do século*: Winnicott e a universidade. São Paulo: Lemos, 1997.

COSTA, J. F. *Violência e psicanálise*. Rio de Janeiro: Graal, 1984.

DEBRAY, Q. *O psicopata*. Rio de Janeiro: Zahar, 1982.
DEJOURS, C. *O corpo entre a biologia e a psicanálise*. Porto Alegre: Artes Médicas, 1988.
DEUTSCH, H. The impostor: contribution to ego psychology of a type of psychopath. *Psychoanalytic Quarterly*, v. 24, p. 483-505, 1955.
_____. Some forms of emotional disturbance and their relationship to schizophrenia. *Psychoanalytic Quarterly*, v. 11, p. 301-321, 1942.
EISSLER, K. Ego psychological implications of the psychoanalytical treatment of delinquents. *Psychoanalytic Study of Child*, v. 5, p. 97-121, 1950.
FELDMAN, M. P. *Comportamento criminoso*: uma análise psicológica. Rio de Janeiro: Zahar, 1979.
FENICHEL, O. (1945) *Teoria psicanalítica das neuroses*. Rio de Janeiro / São Paulo: Atheneu, 1981.
FERRAZ, F. C. *A eternidade da maçã*: Freud e a ética. São Paulo: Escuta, 1994.
_____. A abordagem psicanalítica das tendências antissociais. In: COHEN, C., FERRAZ, F. C. & SEGRE, M. (Org.) *Saúde mental, crime e justiça*. São Paulo: Edusp, 1996.
_____. *Perversão*. São Paulo: Casa do Psicólogo, 2000.
FERREIRA, A. B. H. *Novo dicionário da língua portuguesa*. Rio de Janeiro: Nova Fronteira, 1986.
FOUCAULT, M. A verdade e as formas jurídicas. *Cadernos da* PUC (RJ), 1979 [mimeo].
FREUD, A. Certain types and stages of social maladjustment In: *The writings of Anna Freud*: indications for child analysis and other papers (1945-1956). New York: International Universities Press, 1968.
FREUD, S. (1905) Tipos psicopáticos no palco. *Edição Standard Brasileira das Obras Psicológicas Completas*. Rio de Janeiro: Imago, 1980. v. v.
_____. (1916) Alguns tipos de caráter encontrados no trabalho psicanalítico. *Op. cit.*, v. XIV.
_____. (1923) O ego e o id. *Op. cit.*, v. XIX.
_____. (1931) Tipos libidinais. *Op. cit.*, v. XXI.
FRIEDLANDER, K. (1947) *The psychoanalytical approach to juvenile delinquency*: theory, case-studies, treatment. London: Routledge & Kegan Paul Ltd, 1949.

_____. Formation of the anti-social character. *Psychoanalytic Study of Child*, v. 1, p. 89-203, 1945.

GARCIA-ARZENO, M. E. *Psicodiagnóstico clínico: novas contribuições*. Porto Alegre: Artes Médicas, 1995.

GOODWIN, D. W. & GUZE, S. B. *Diagnóstico da doença mental*. Porto Alegre: Artes Médicas, 1981.

GURVITZ, M. Development in the concepts of psychopathic personality. *British Journal of Delinquency*, v. 2, p. 88-102, 1951.

HARE, R. D. Psychopathy and antisocial personality disorder: a case of diagnostic confusion. *Psychiatric Times*, v. 13, n. 2, 1996.

JOHNSON, A. & SZUREK, S. A. The genesis of antisocial acting out in children and adults. *Psychoanalytic Quarterly*, v. 21, p. 323-343, 1952.

JOSEPH, B. (1959) Algumas características da personalidade psicopática. In: FELDMAN, M. & BARROS, E. R. (Org.) *Equilíbrio psíquico e mudança psíquica*: artigos selecionados de Betty Joseph. Rio de Janeiro: Imago, 1992.

JOSEPHS, L. *Character structure and the organization of the self*. New York: Columbia University Press, 1992.

KARPMAN, B. The psychopathic delinquent child. *American Journal of Orthopsychiatry*, v. 20, n. 2, p. 223-265, 1950.

_____. Psychopathic behavior in infants and children: a critical survey of the existing concepts. *American Journal of Orthopsychiatry*, v. 21, n. 2, p. 223-272, 1951.

KERNBERG, O. F. *Agressão nos transtornos de personalidade e nas perversões*. Porto Alegre: Artes Médicas, 1995a.

_____. *Transtornos graves de personalidade*: estratégias psicoterapêuticas. Porto Alegre: Artes Médicas, 1995b.

KLEIN, M. (1927) Tendências criminais em crianças normais. In: *Contribuições à psicanálise*. São Paulo: Mestre Jou, 1981.

_____. (1934) Sobre a criminalidade. *Op. cit.*

LAPLANCHE, J. & PONTALIS, J.-B. (1967) *Vocabulário da psicanálise*. São Paulo: Martins Fontes, 1983.

LEBOVICI, S. *Sentimentos de culpa na criança e no adulto*. Rio de Janeiro: Eldorado Tijuca, 1973.

LEVISKY, D. L. e cols. *Adolescência e violência*: consequências da realidade brasileira. Porto Alegre: Artes Médicas, 1997.

LIBERMAN, D. Enfoques conceptuales para la comprensión psicoanalítica de las psicopatias. In: *Psicoanálisis de la mania y la psicopatia*. Buenos Aires: Paidós, 1966.

_____. Tedio, patologia del pensamiento e identificación proyectiva en psicopatías. In: RASCOVSK, A. & LIBERMAN, D. (Ed.) *Psicoanálisis de la mania y la psicopatia*. Buenos Aires: Paidós, 1966.

LIPPMAN, H. S. The "psychopathic personality" in childhood. *American Journal of Orthopsychiatry*, v. 20, n. 2, p. 226-229, 1950.

LOPEZ-REY, M. *Criminología*: teoría, delincuencia juvenil, prevención, predicción y tratamiento. Madrid: Aguilar, 1973.

LYNAN, D. R. Early identification of the fledging psychopath: locating the psychopathic child in the current nomenclature. *Journal of Abnormal Psychology*, v. 107, n. 4, p. 566-575, 1998.

MCCAGHY, C. H. *Deviant behavior: crime, conflict, and interest groups*. New York: Macmillan Publishing Co., 1976.

MEYER, L. *Família*: dinâmica e terapia. Uma abordagem psicanalítica. São Paulo: Brasiliense, 1987.

MEZAN, R. O mal absoluto: sobre uma peça de Alberto Morávia. In: *Tempos de muda*: ensaios de psicanálise. São Paulo, Companhia das Letras, 1998.

MICHAELS, J. J. & STIVER, I. P. The impulsive psychopathic character according to the diagnostic profile. *Psychoanalytic Study of Child*, v. 20, p. 124-141, 1965.

MOURA, L. A. Imputabilidade, semi-imputabilidade e inimputabilidade. In: COHEN. C.; FERRAZ, F. C. & SEGRE, M. (Org.) *Saúde mental,crime e justiça*. São Paulo: Edusp, 1966.

OCAMPO, M. L. S. & ARZENO, M. E. G. O processo psicodiagnóstico In: OCAMPO, M. L. S. *et al. O processo psicodiagnóstico e as técnicas projetivas*. São Paulo: Martins Fontes, 1990.

OUTEIRAL, J. O. Tendência antissocial e patologia do espaço transicional. In: LEVISKY, D. L. e cols. *Adolescência e violência*: consequências da realidade brasileira. Porto Alegre: Artes Médicas, 1997.

PAZ, C. A. Psicopatía y fronterizos: contribuición al diagnostico y tratamento del psicopata. In: RASCOVSKY, A. & LIBERMAN, D. (Org.) *Psicoanálisis de la manía y la psicopatía*. Buenos Aires: Paidós, 1966.

PESCOR, M. Abnormal personality types among offenders. *Federal Probation*, n. 12, p. 3-8, 1948.

POPE, B. & SCOTT, W. H. *Psychological diagnosis in clinical practice with applications in medicine, law, education, nursing, and social work*. London: Oxford University Press, 1967.

REICH, W. (1925) The impulsive character: psychoanalytical study of ego pathology. In: *Early writings*. New York: Farar, Strauss and Giroux, 1975.

RIEBER, R. W. & VETTER, H. The language of psychopath. *Journal of Psycholinguistic Research*, v. 23, n. 1, p. 1-28, 1994.

ROAZEN, P. *Freud e seus discípulos*. São Paulo: Cultrix, 1974.

ROLLA, E. H. Consideraciones sobre la organización psicopática de personalidad. *Revista de Psicoanálisis*, v. 30, n. 1, p. 17-73, 1973.

ROUDINESCO, E. & PLON, M. *Dicionário de psicanálise*. Rio de Janeiro: Jorge Zahar, 1998.

ROVINSKI, S. L. R. A perícia psicológica. *Aletheia*, n. 7, p. 55-63, 1998.

RUBEN, M. Delinquency, a defense against loss of objects and reality. *Psychoanalytic Study of Child*, v. 12, p. 335-355, 1957.

SANDLER, J., DARE, C. & HOLDER, A. *O paciente e o analista*: fundamentos do processo psicanalítico. Rio de Janeiro: Imago, 1977.

SCHMIDEBERG, M. The psychoanalysis of asocial children and adolescents. *The International Journal of Psychoanalysis*, v. 16, p. 22-48, 1935.

SCHUST, M. C. & PICCOLO, E. G. Índices diagnósticos e prognósticos no teste desiderativo a partir do estudo das defesas In: OCAMPO, M. L. S. *et al* O *processo psicodiagnóstico e as técnicas projetivas*. São Paulo: Martins Fontes, 1990.

SENNET, R. *A corrosão do caráter*: consequências pessoais do trabalho no novo capitalismo. Rio de Janeiro: Record, 1999.

SYMINGTO N, N. The response aroused by the psychopath. *International Review of Psychoanalysis*, v. 7, p. 291-298, 1980.

TULLIO, B. *Principios de criminología clinica y psiquiatría forense*. Madrid: Aguilar, 1966.

TURNER, S. M. & HERSEN, M. (Org.) *Adult psychopathology and diagnosis*. New York: John Wiley & Sons, 1984.

WINNICOTT, D. W. (1939) Agressão e suas raízes. In: *Privação e delinquência*. São Paulo: Martins Fontes, 1987.

______. (1946) Alguns aspectos psicológicos da delinquência juvenil. *Op. cit.*

______. (1950) Algumas considerações sobre o significado da palavra democracia. In: *A família e o desenvolvimento do indivíduo*. Belo Horizonte: Interlivros, 1980.

______. (1956) A tendência antissocial. In: *Privação e delinquência*. São Paulo: Martins Fontes, 1987.

______. (1960) Agressão, culpa e reparação. *Op. cit.*

______. (1966) A ausência de sentimento de culpa. *Op. cit.*

______. (1971) *Consultas terapêuticas em psiquiatria*. Rio de Janeiro: Imago, 1984.

Coleção Clínica Psicanalítica
Títulos publicados

Perversão
Flávio Carvalho Ferraz

Psicossomática
Rubens Marcelo Volich

Emergências psiquiátricas
Alexandra Sterian

Borderline
Mauro Hegenberg

Depressão
Daniel Delouya

Paranoia
Renata Udler Cromberg

Psicopatia
Sidney Kiyoshi Shine

Problemáticas da identidade sexual
José Carlos Garcia

Anomia
Marilucia Melo Meireles

Distúrbios do sono
Nayra Cesaro Penha Ganhito

Neurose traumática
Myriam Uchitel

Autismo
Ana Elizabeth Cavalcanti,
Paulina Schmidtbauer Rocha

Esquizofrenia
Alexandra Sterian

Morte
Maria Elisa Pessoa Labaki

Cena incestuosa
Renata Udler Cromberg

Fobia
Aline Camargo Gurfinkel

Estresse
Maria Auxiliadora de A. C. Arantes,
Maria José Femenias Vieira

Normopatia
Flávio Carvalho Ferraz

Hipocondria
Rubens Marcelo Volich

Epistemopatia
Daniel Delouya

Tatuagem e marcas corporais
Ana Costa

Corpo
Maria Helena Fernandes

Adoção
Gina Khafif Levinzon

Transtornos da excreção
Marcia Porto Ferreira

Psicoterapia breve
Mauro Hegenberg

Infertilidade e reprodução assistida
Marina Ribeiro

Histeria
Silvia Leonor Alonso,
Mario Pablo Fuks

Ressentimento
Maria Rita Kehl

Demências
Delia Catullo Goldfarb

Violência
Maria Laurinda Ribeiro de Souza

Clínica da exclusão
Maria Cristina Poli

Disfunções sexuais
Cassandra Pereira França

Tempo e ato na perversão
Flávio Carvalho Ferraz

Transtornos alimentares
Maria Helena Fernandes

Psicoterapia de casal
Purificacion Barcia Gomes, Ieda Porchat

Consultas terapêuticas
Maria Ivone Accioly Lins

Neurose obsessiva
Rubia Delorenzo

Adolescência
Tiago Corbisier Matheus

Complexo de Édipo hoje?
Nora B. Susmanscky de Miguelez

Trama do olhar
Edilene Freire de Queiroz

Desafios para a técnica psicanalítica
José Carlos Garcia

Linguagens e pensamento
Nelson da Silva Junior

Término de análise
Yeda Alcide Saigh

Problemas de linguagem
Maria Laura Wey Märtz

Desamparo
Lucianne Sant'Anna de Menezes

Transexualidades
Paulo Roberto Ceccarelli

Narcisismo e vínculos
Lucía Barbero Fuks

Psicanálise da família
Belinda Mandelbaum

Clínica do trabalho
Soraya Rodrigues Martins

Transtornos de pânico
Luciana Oliveira dos Santos

Escritos metapsicológicos e clínicos
Ana Maria Sigal

Famílias monoparentais
Lisette Weissmann

Neurose e não neurose
Marion Minerbo

Amor e fidelidade
Gisela Haddad

Acontecimento e linguagem
Alcimar Alves de Souza Lima

Imitação
Paulo de Carvalho Ribeiro e colaboradores

O tempo, a escuta, o feminino
Silvia Leonor Alonso

Crise pseudoepiléptica
Berta Hoffmann Azevedo

Violência e masculinidade
Susana Muszkat

Entrevistas preliminares em psicanálise
Fernando Rocha

Ensaios psicanalíticos
Flávio Carvalho Ferraz

Adicções
Decio Gurfinkel

Incestualidade
Sonia Thorstensen

Saúde do trabalhador
Carla Júlia Segre Faiman

Transferência e contratransferência
Marion Minerbo

Idealcoolismo
Antonio Alves Xavier, Emir Tomazelli

Tortura
Maria Auxiliadora de Almeida Cunha Arantes

Ecos da clínica
Isabel Mainetti de Vilutis

Pós-análise
Yeda Alcide Saigh

Clínica do continente
Beatriz Chacur Mano

Inconsciente social
Carla Penna

Psicanálise e música
Maria de Fátima Vicente

Autorização e angústia de influência em Winnicott
Wilson Franco

Trabalho do negativo
Vera Lamanno-Adamo

Crítica à normalização da psicanálise
Mara Caffé

Sintoma
Maria Cristina Ocariz

Cidade e subjetividade
Flávio Carvalho Ferraz

A cena hospitalar: psicologia médica e psicanálise
Alfredo Simonetti

Fairbairn
Teo Weingrill Araujo

Orientação profissional
Maria Stella Sampaio Leite

Acompanhamento terapêutico
Maurício Porto

Ferenczi
Teresa Pinheiro

Psicanálise e educação
Maria Regina Maciel

Psicoterapia breve de casal
Mauro Hegenberg

Vertentes da psicanálise
Maria Laurinda Ribeiro de Souza

Sublimação e *unheimliche*
Alessandra Martins Parente

Neuroses atuais e patologias da atualidade
Paulo Ritter

Este livro foi composto com tipografia Freight Text Pro
e impresso em papel PÓLEN soft 70g. na Gráfica DelRey.